DOCUMENTS

INÉDITS OU RARISSIMES

Concernant le Siège de Boulogne 1544-1549

Recueillis et publiés

Par M. A. de ROSNY

———❦———

BOULOGNE-SUR-MER

IMPRIMERIE G. HAMAIN

83, RUE FAIDHERBE

—

1912

DOCUMENTS

INÉDITS

OU RARISSIMES, CONCERNANT

LES SIÈGES DE BOULOGNE

1544-1549

Publiés par **A. de ROSNY** *1651*

BOULOGNE-SUR-MER

IMPRIMERIE G. HAMAIN

83 RUE FAIDHERBE

—

1912

DOCUMENTS

INÉDITS

OU RARISSIMES, CONCERNANT

LES SIÈGES DE BOULOGNE

1544-1549

NOTE BIBLIOGRAPHIQUE

M. Dramart en sa *Bibliographie de la Picardie* nous apprend qu'il y avait jadis à la Bibliothèque du Louvre un manuscrit du XVIe siècle, comprenant neuf volumes, et renfermant aux tomes VII et VIII des « pièces et « lettres relatives aux opérations militaires en « Boulonnais sous les règnes de Henry II et de « Charles IX ».

Il est fâcheux que les chercheurs boulonnais n'aient point pris copie de ces pièces lorsqu'il en était temps encore, parce que les auteurs du pays paraissent n'avoir eu connaissance de ce recueil que par la note de M. Dramart : quand sa *Bibliographie* a paru, il était déjà trop tard.

Ces manuscrits ont eu le même sort que les anciens titres Boulonnais, brulés et détruits jadis par les Bourguignons et les Anglais : ils ont

disparu en 1871, dans l'incendie de la Bibliothèque du Louvre dont nous avons eu la douleur
de voir les restes fumants.

A défaut de cette collection, nous avons essayé
de recueillir, en dehors des pièces anglaises, ce
qui peut rester de documents intéressant notre
petite province durant la période de 1542 à 1556.

Les pièces originales ou copies de la Bibliothèque Nationale et de nos archives particulières
nous permettent de vous offrir une première série,
que nous espérons pouvoir compléter par la suite.

Avant de produire ces pièces on nous permettra,
en laissant de côté les historiens anciens ou
modernes, de donner ici un aperçu bibliogra-
phique de ce qui a été publié à ce sujet au point
de vue documentaire.

1° La déclaration de guerre faite par Henry VIII
au roi François Ier en date du 22 juin 1543, a été
publiée par M. Courtois dans le *Bulletin de la
Société des Antiquaires de la Morinie*, t. I,
p. 63, d'après une copie du *Terrier de Tour-
nehem*.

2° M. F. Morand a publié deux fois la Chro-
nique en vers d'A. Morin, 1544 ; d'abord en 1860
chez Le Roy, un volume in-12 : mais peu satisfait
de son travail il a détruit tous les exemplaires
sauf un ; et a refait en 1866 une seconde édition
in 8° plus correcte et mieux étudiée dans la *Revue
des Sociétés Savantes*, avec tirage à part.

3° Nous ne citerons que pour mémoire les

notes de M. Marmin parues à la suite du *Poème*
de M. le B⁰ⁿ d'Ordre sur le *Siège de Boulogne* :
on ne peut les consulter qu'avec la plus grande
circonspection.

4° M. le chanoine Haigneré a publié dans le
t. XV des *Mémoires de la Société Académique*
le *Récit du Siège et de la prise de Boulogne 1544*,
extrait de l'*Histoire de notre temps* par Guillaume Paradin 1558, ouvrage assez rare.

5° Le t. VII (p. 392) de vos *Bulletins* contient
le *récit du siège de 1544 par Francis Godwin*,
d'après ses *Annales des choses plus mémo-
rables arrivées tant en Angleterre qu'ailleurs,*
ouvrage rarissime, surtout la traduction française
du sieur de Loigny.

6° *La Correspondance politique d'Odet de
Selve*, ambassadeur de France en Angleterre
1546-1549, publiée par M. Germain Lefèvre Pon-
talis (1888, gᵈ in-8°) renferme une quantité consi-
dérable de renseignements sur les affaires du
Boulonnais : notamment sur les fortifications de
Boulogne, du Portel, de Châtillon, de la Dunette, etc., sur les limites et frontières du Boulonnais, les incursions des ennemis, la saisie des
navires, etc. C'est en un mot une mine de renseignements précieux qu'on peut recommander à
celui qui écrira, d'après les pièces d'archives,
l'histoire du siège de Boulogne. Puisse notre
recueil lui servir d'utile complément !

7° M. Gérard a publié dans les *Annales Bou-*

lonnaises t. II, p 189, le *Voyage du Roi Henry II en Boulonnais, siège et prise des forts, chasteau et ville d'Ambleteuse par l'armée Royale en 1549*, d'après un manuscrit inédit.

Je ne serais pas étonné que ce récit de voyage soit extrait de la *Lettre du Sr Nicolas de Nicolay au Sr du Boys, vice-baillif de Vienne*, contenant : Discours de la guerre faite par le roy Henry II pour le recouvrement du pays du Boulonnois sur mer en 1549 *par Nicolas de Nicolay, gentilhomme Dauphinois* : ouvrage de la plus grande rareté que nous n'avons pu consulter, parce que le volume manque ou n'est plus retrouvé dans les collections de la Bibliothèque Nationale.

8° Nos Bulletins t. I, p. 432 et t. IV, p. 275 contiennent deux publications de M. le chanoine Haigneré d'après les copies du fonds Béthune (Fr. 3117 et 3127) 1° *Advis de la qualité de ceux qui sont dedans Boullongne 1549* (avec notes complémentaires de M. Vaillant dans le tome VII p. 334), et 2° *Rapport d'un espion français, 1549*.

9° M. A. Lefebvre a donné le texte du *traité de Capécure* (24 mars 1550) d'après Belleforest, dans sa *Notice sur Capécure*, pp. 93-96, et dans son *Esquisse biographique sur l'amiral Coligny-Chatillon* il a publié la lettre de démission du célèbre amiral, en date du 20 janvier 1559.

10° Nous avons pu vous donner deux pièces

inédites : 1° *Une enquête sur les Chinot : Souvenirs du siège. Bulletin* t. VIII, p. 615, et 2° une *Enquête faite en 1578 par le M^e des Eaux et forêts*, où nous voyons que presque tous les titres du Boulonnais ont été détruits par les Bourguignons et les Anglais (*Mémoires* t. XXVII, p. 344).

11° Dans son *Année Boulonnaise* M. Deseille a publié :

1° *Lettre du Maréchal du Biez à M. de Heilly du 23 juillet 1543.*

2° *Lettre de Henry VIII à la reine Marie, régente des Flandres, 7 juillet 1544.*

3° *Lettre d'Henry VIII à François Ier, 3 août 1544.*

4° *Mémoire pour M. de Saint Martin allant vers le Roi de France, lettre du 8 août 1544.*

5° *Texte de la Capitulation de Boulogne, 14 septembre 1544.*

6° *Lettre de M. de Sericourt, cap^{ne} d'Ardres à M. de Wallop, cap^{ne} de Guînes, 5 octobre 1544.*

7° *Quatre lettres d'Oudard du Biez à Lord Grey. 7-10 septembre 1546.*

12° M. Bénard a donné (*Bulletin*, t. IV, p. 116), une lettre du 28 janvier 1549 de François de Montmorency s^r de la Rochepot, aux députés Anglais : il est regrettable qu'il ne l'ait point publiée intégralement.

A. de R.

DOCUMENTS

———

1

1543 dernier juin.

Lettre au Roy par M. de Pinat. (1) gouverneur d'Ardres

Sire Monsieur le Mareschal du biez me manda hier aller parler à luy entre ycy et Boullongne pour donner ordre au faict de ceste ville et vous asseure, sire, qui(l) faict la plus grande dilligence à luy possible de faire pour la seureté de voz frontières de par deça et n'est possible à luy d'y mieulx faire. Il a mis en ceste dicte ville 600 hommes de creue avec six cens qui y estoyent quy sont en tout le nombre de xııᵉ et me semble que pour ceste heure Il y en a suffisance. Il me dict quil en tient encores troys cens prestz pour mectre ycy sil en est besoing.

Sire, Monsieur de Picquet arriva hier ycy acompai-gnié de 80 hommes d'armes de Mʳ de la Rochepot qui ont faict extresme dilligence, et voys ledict cappⁿᵉ Picquet et lesdicts hommes d'armes en bonne delibe-ration de vous faire service.

Sire, quant à ma compaignie Il y six jours quelle est en ceste ville au nombre de 40 h. d'armes et vous asseure, Sire, que ayant veu l'affaire elle est venue à la plus grande dilligence qu'il a esté possible. J'ay à

(1) d'Espinac.

présent icy six vingt hommes d'armes et quant au reste de 10 hommes d'armes quil fault de ceste compaignie Il s'en allerent dernierement de ceste dicte ville quatre fort malades, les six seront bien tost par deça ainsi qu'ils m'ont mandé.

Sire touchant de la descente des Anglois Il n'en est encores venu nombre pour mectre siege devant voz villes, vray est qu'ils font courre le bruict à Calaiz quil doibt encores venir 15 ou 20,000 hommes et que le chef de leur armée doibt arriver audict Calaiz le dernier jour de ce moys. Je ne sçay sil sera vray ou non. Touttes foys si suys-je bien asseuré que les cappitaines quy sont icy et moy les actendons en bonne devocion de leur faire recepvoir une bonne honste sils se adressent devant ceste place ainsi quilz font courre le bruict, et esperons, Sire, faire en sorte que Dyeu aydant vous en aurex contentement.

Sire je vous ay par cy devant escript et faict bien à entendre à vostre Majesté qu'il n'y avoit ung seul escu en ceste dicte ville, tant pour voz reparacions, pour les gens de pied, ny pour toutes autres choses très nécessaires à ung siege, Suppliant très humblement vostre dite majesté y vouloir faire pourvoir et pour ce faire envoyer tresorier et argent. Sire, en parlant à mondit s^r le Mareschal je luy ay demandé de l'argent pour les affaires dessus dites quy m'a faict responce qu'il n'avoyt pas ung sol.

Sire, vous avez icy Monsieur de Saisseval et son lieutenant qui ont prins grand peine aprez vos reparacions Mays ils sont bien marris, aussy suis-je de ma part, quil fault que par faulte d'argent nous soyons de séjour, joint quil y a encores des choses très nécessaires à faire par le dedans de ladicte place ainsi que par cy devant j'ay adverty votre dicte Majesté.

Sire je supplie très humblement le créateur vous donner, en parfaicte santé, très bonne et très longue vye. De Ardre le penultiesme jour de juing 1543.

Vostre tres humble et tres obeissant serviteur et subject.

DE PINAT.

Au Roy Mon Souverain Seigneur.

BIBL. NAT^le *Fr. 6616, pp. 66-67. 2 f. p^t in fol.* — Orig.

II

1543 3 juil.

Lettre de M. de Pinac au maréchal du Biez

Monseigneur vous sçauez que dernierement que lon feit ma monstre je perditz bien vingt ou vingt cinq hommes d'armes, jen ay prins en leur place de nou-ueaulx lesquelz ont tousiours depuys ce temps servy et servent ; vous sçavez le cher vivre quil faict en ceste ville et ne voys pas moyen qu'ilz sceussent seruyr six moys sans argent Pourquoy Il vous plaira ordonner qu'ilz recepuoyent argent à ceste prochaine monstre Et me semble bien que veu le lieu et l'aff(air)e quil est très raisonnable quilz recoipvent. Vous sup-plyant Monsieur encores ung coup les auoir pour recommandez et le commander aux Commissaire et contrerolleur auant qu'ilz viennent en ceste ville pour en faire l'ordonnance et au tresorier pour les payer.

Monseigneur touchant des Angloys, depuys l'ordre

que auez mise sur ces frontieres, je les treuve mer-
ueilleusement radoulcis Aussy ne voye pas le moyen
quilz peuvent faire leur proffict en cest pays. Je vous
supplye de me faire entendre de voz nouuelles par le
premyer.

Monseigneur je me recommande très humblement à
vostre bonne grace priant Dieu vous donner en santé
bonne vye et longue, De Ardre le IIIe jour de juillet
1543.

Vostre très humble et obéissant serviteur

DE PINAC (1)

A Monseigneur

Monseigneur du Biez mar^{al} de france lieutenant-gene-
ral pour le Roy en ses pays d'artoys et Picardye.

A Boullongne.

1 f. in fol. pap.— Orig. (Arch. A. de Rosny).

III

1543 9 juil.

Lettre du Maréchal du Biez au Roi.

Sire, j'ay reçeu la lettre quil vous a pleu m'escripre
du IIIIe du present, Ensemble la despesche adressant
à vostre Ambassadeur en Angleterre que j'ay incontinent faict partir pour luy envoïer. J'ay pareillement
reçeu les mil escuz quil vous a pleu ordonner tant pour
la reparacion de Boullongne que (pour) quelque mu-

(1) Pierre d'Epinac, l'-génal du Roy au duché de Bourgogne
sous Henri II ; pt cachet-applique aux armes (d'argent au lion
de gueules à la bordure de sable besantée de douze pièces
d'or.

nicion pour ladicte place, En quoy je les feray
emploier le myeulx quil me sera possible.

Sire, par la derniere despesche que je vous ay faicte
du 6e du present je vous ai envoié ung pacquet de vostre
Ambassadeur par lequel il m'a escript que jeudi prochain Milord Wardon doibt estre à Calais. Et que
l'ordonnance que le Roy d'Angleterre a faicte des gens
de guerre quy doibvent passer la mer est de 10,000 h.
de pied et mil chevaulx Et que pour leur vivre Ilz
avoient desjà mis en farines xiiii^m quartiers de bled,
quy est ung septier et demy mesure de paris chacun
quartier, qu'ils feront passer deça et 5,000 quils mectent oultre ce dedans leurs navires de guerre : par où
on pourroit juger que ce seroit pour nourrir lesdicts
10,000 h. pendant quils seroient devant une de voz
places Mais pour ceste heure elles sen vont si bien
fournies, au moins Ardres, Therouenne et Boullongne,
que contre plus grand force on vous en rendra bon
compte. Il estoit resté en ceste ville de Montrœul
quelques vins de la municion de Therouenne que je
suys pour y faire mener selon que je verrai quil se
pourra faire Et estime que auecques une partie de ma
compaignye que j'ay icy, celles des s^{rs} de Crequy et
Villebon et 800 h. de pied On les y pourra mener seu-
rement, lesquelz 800 h. j'ay faict lever et paier pour
mectre en ladicte place qui demourera pourveue desdictes deux compaignyes Et de 1,000 h. de pied qui
est suffisamment, actendant ce qu'on verra que vouldront faire les ennemis. Et ayant ce faict, Sire, je me
retireray à Boullongne pour y attendre ce qui succedera de la venue dudict Milord Wardon, dont je
vous tiendray tousjours adverty, pour, si besoing est,

envoier encores par deça quelque compaignie de gens
d'armes pour mectre en ceste ville de Montrœul et
Hesdin. Et quant à ce quil vous a pleu m'escripre que
Je regarde de gaigner temps avecques lesdis Anglois
et remectre tousiours les choses à la longue le plus
que je pourray, je vous asseure, Sire, que suivant
vostre intencion je m'y suis conduict le myeulx que
j'ay peu et jusques à permettre qu'ilz ayent faict beaucoup de petites choses que, s'il eust esté aultre temps,
je n'eusse pas ainsy laissé passer.

Sire je suplie à tant le créateur vous donner en parfaicte santé très bonne et très longue vye. De Montrœul le ixᵉ jour de juillet 1543.

Sire : en signant ceste despesche j'ay encores
reçeu de vostre ambassadeur en Angleterre ung pacquet à vous adressant que je vous envoie, lequel ad ce
qu'il ma escript vous faict presentement entendre la
responce que luy ont faicte ceulx du conseil d'Angleterre sur ce quil vous avoit pleu luy commander dire
de vostre part. Signifiant en substance quilz sont
deliberés de vous faire la guerre et que à ceste fin font
toutes dilligences d'assembler gens de guerre de toutes
parts. De quoy nous tenons Icy pour tout assurez et
deliberez de vous y faire sy bon service avecq ce que
nous sommes de gens que s'ils s'attachent à une de
voz places d'Ardre, Therouenne ou Boullongne Ilz les
trouveront plus mal aysées à oultrager qu'ils ne pen-
sent. Vous suppliant très humblement Sire, suivant
ce que je vous ay tousjours demandé envoier encore
mille hommes ou le paiement d'iceulx avecques
50 hommes d'armes pour mectre en ceste ville de Mons-
troeul et Hesdin et pour envoier à Therouanne et

aultres places quil sera besoing, n'estant possible pour la seureté de ce bout de frontière y tenir moins de gens que 4,000 h. et 400 hommes d'armes, Et Il vous a pleu envoyer le paiement de 3,000, dont je vous envoie le department Et la compaignye du sr de Crequy quy nous faict 350 hommes d'armes, comprins celles des srs de Willebon et d'Espinac. Pareillement, Sire, est plus que necessaire donner ordre que le paiement des 1,200 hommes estans dedans Ardre et des Compaignies des srs de la Rochepot et dudict Espinac soit envoié pour la conséquence quil en pourroit advenir, s'ilz estoient cloz avant que d'estre payez.

Vostre très humble et très obéissant serviteur et subgect

OUDART DU BIES.

Au Roy.

BIBL. NAT. (*Fr. 6616* — pièce 75). 1 f. in fol. pap. (Orig.)

IV

Lettre du Maréchal du Biez au Maréchal d'Annebault (1)

1543 9 juillet.

Monsieur, par la lettre que j'escripts presentement au Roy il vous plaira entendre ce que depuis mes precedentes est survenu par deça et comme pour faire mener quelques (vins) à Therouenne, je suis venu en ce lieu, a quoy j'espère donner ordre dedans demain

_____

(1) Claude d'Annebaut, baron de Retz et de la Hunaudaye, maréchal et amiral de France (1543-1552), ambassadeur 1546.

pour incontinent me retirer à Boullongne ; attendant
ce quy succedera de la descente de Mylord Wardon,
lequel, à ce que m'a escript nostre ambassadeur en
Angleterre doibt estre jeudy prochain à Calais avecques 10,000 hommes et 1,000 chevaux Et pour ce
que le Roy m'a escript par sa derniére lettre quil avoit
pourveu à tout ce que je lui avois demandé, je vous
supplye luy faire entendre qu'il s'en fault encores mil
hommes de pied et cinquante hommes d'armes que
j'eusse mis en ceste ville et à Hesdin pour en envoyer
où il seroit besoing. A quoy il vous plaira tenir la
main et n'est possible de tenir par deça moins de gens,
ne faire les choses à moins de frais pour la seureté
desdictes places que ce que j'ay demandé, qui sont
iiiim hommes et quatre cens hommes d'armes, et j'en
ay 350 et 3,000. J'adjousteray encores cest article pour
vous supplyer de donner ordre que le payement des
xiic hommes estans à Ardre, soit envoyé, lequel
eschet le xiiie et xve du présent, semblablement celluy
de la gendarmerye qui est audict Ardre. Car si ce
mylord Wardon descend, il sira plancter devant ladite
place avant que le dit paiement y soit entré. Ce sera
une chose de très mauvaise conséquence comme vous
entendrez autant bien que nul autre.

Monseigneur je me recommande humblement à
vostre bonne grâce et prye Dieu vous donner bonne
vye et longue.

De Montreuil le ixe jour de juillet 1543.

Vostre humble compaignon et serviteur

Oudard du Biez.

A M. M. d'Annebault, mar^{al} de France

Bibl. Nat. Fr. 6616, p. 70, copie, 1 f. in-fol.

Monsieur il est ausy besoing que vous envoïés le plus tost quy sera possible le paiement de la gendarmerye quy est de se coté, mesbays que lon ni a proueu ? et quy nont estés les preumyers païés.

Vostre humble compaignon et serviteur

OUDART DU BIES.

(*Ibid*. p. 83. Orig. Ces quatre lignes sont autographes).

1 f. p^t in-fol.

V

Lettre du Maréchal du Biez au Roi

1543 14 juillet

Sire ayant faict entrer dedans Therouenne les gens de pied et le vin dont mes precedentes du ixe du present faisoient mention Je me suis retiré en ceste ville de Boullongne sur ce que vostre ambassadeur en Angleterre mauoit escript que Milord Wardon debuoit estre jeudy dernier à Calais auecques dix mil hommes et mil chevaulx, Toutesfois, Sire, encores quil se soit mis en chemin pour venir deça, le bruict court audict Calais quil a esté contremandé et quil ne passera poinct. Je suis aussi adverty que Me Walop se tient prest pour partir et aller auecq quelque nombre de gens de cheual et de pied joindre le prince dorenge Et que après leur doivent venir quinze ou vingt mil hommes dont Ils se vantent venir assaillir ceste place ou Ilz seront le cas advenant reçeuz de sorte qu'ilz s'en retourneront à leur honte et confusion. Aultres disent quilz se doivent camper à la Montoire, à Liques et à Tournehen tant pour tenir Ardre subgecte que pour

faire l'aoust et ung gast en ce pais de Boullenois Esti-
mant que par ce moyen Ilz auront meilleur compte de
ladicte place d'Ardre que de si attacher aultrement.
Mais elle est si bien pourueue et de gens et de vivres
quil sera bien tard auant que les vivres qui y sont
soient faillis. Ne pouuant, Sire, sur tous ces advertis-
semens asseoir jugement de ce quilz ont deliberé
faire pour tenir ce quilz ont de gens passez deça qui
sont en nombre de huict à neuf mil hommes tousiours
ensemble et logez à Calais, à Mercq, à Oye, et à Guynes,
sans quil en soit encores passé ung seul à Graue-
lingues et à St Omer pour aller en Flandres ainsi
quilz en ont faict courre le bruict. Et ny peuuent longuement demourer sans entrer en jeu tant pour
espargner leurs viures que pour estre la saison desia
bien advancée pour faire effort ceste année silz en ont
enuye. Il passe ordinairement audict Calais grand
nombre de tous vivres Et tiennent leurs portes et
passaiges si secrez quil est difficile d'en sçavoir nouuelles. Mesmes ont arresté ung de ceulx qui me ser-
voit et celluy duquel j'entendoys plus de leurs affaires.
Non quilz l'ayent encores accusé de m'auoir aduerty
dont Il se sçaura bien desmesler pour estre homme de
bon entendement, Mais d'auoir amené par deça quelque marchandise. De ce que j'en pourray entendre
et descouurir, Sire, je vous en tiendray tousiours aduerty. Mais prenans les choses de ce costé là le train
et chemin quelles font Il me semble, Sire, sauf vostre
bon plaisir, que pour plus grande seureté des places
de ce bout de deçà Il seroit bien requis d'y enuoier encores une compaignye de cinquante hommes d'armes
et mil hommes de pied, ou le paiement d'iceulx que je

2

vous ay tousiours demandez mesmes par mes dernieres pour tenir à Montrœul et renforcer à Therouenne et Hesdin ainsi que le besoing se pourra pre-
senter Et en ce faisant les dictes places demoureront
en telle seureté que auecques la bonne deuotion,
enquoy est tout ce peuple de deça, de vous y faire
bon seruice, j'espère vous en aurez contentement.

Sire je vous puis aussi aduertir que les dits Anglois
par la terre n'ont encores faict course ne entreprise
sur voz subgectz sinon sur ceulx qui se sont trouuez
dedans leur pais et sur leur terre. Mais par la mer
Ilz ont prins depuis quatre jours deux nauires de
Dieppe, et ceulx dudict Dieppe en ont prins une des
leur quilz ont amenée en ceste ville, chargée de grains,
qui nous viendront bien à propos. Car vous sçauez
Sire quil n'y a aucune munition, Sinon ce que j'ay
prins du pais par vostre commandement Et en faictz
ordinairement venir le plus que je puis de sorte que
si nous auons faulte de vins nous burons de la biere
à nostre naturel, puisque nous aurons assez de quoy
en faire.

Sire, Il vous pleut l'année passée m'accorder que le
s^r de Cormettes, mon frère, qui est un de vos gentilz
hommes, demoureroit auecques moy, ce quil a faict
jusques à maintenant que je l'ay encores retenu pour
me faire compaignye à ce bout de deçà, Ou Il est
besoing quil y ayt des gens de bien pour vostre service, Vous suppliant très humblement, Sire, l'auoir
pour excusé s'il n'est à son Enseigne.

Sire, je supplye a tant le créateur vous donner en
parfaite santé très bonne et très longue vye. De Boullogne le xiiiie jour de juillet MV^c XLIII.

Vostre très humble et très obéissant subgect
et serviteur,

Oudard du biés.

Au Roy. (Cachet-applique aux armes de du Biez).
2 f. p¹ in-fol. pap. — Orig. Arch. A de R.

VI

Lettre du Maréchal du Biez à M. de Heilly (1ᵉ capitaine d'Hesdin

1543 23 juillet

Monsieur mon filz (2),

J'ai reçeu votre lettre et vous ai escript de Pernes
par la voye de la poste le besoing qu'il étoit de faire
advancer votre compagnye, celle de Monsieur de
Jarnac et voz mille hommes de pied.

Desdits hommes de pied, je vous prye, monsieur
mon filz, faire marcher une enseigne bien fournie et
en toute diligence à Montreuil et l'autre vous la retien-
drez et le sieur de Bruntelles auecq vous à Hesdin.

Je vous advise, quant aux nouvelles de ce quartier,
que les Anglois ont l'ost cette nuict à Fyennes. Les
vinrent hyer joindre deux mille hommes de pied et trois
cens chevaulx bourguignons. Leur advantgarde est
aujourdhuy avancée jusques à Marquise et ilz ont faict

---

(1) Adrien de Pisseleu, chʳ, sʳ de Heilly, Fontaine, etc., bailli
et capⁿᵉ d'Hesdin, capⁿᵉ de 1,000 h. de pied.
(2) La qualification de fils donnée par le Mᵃˡ du Biez au
sᵍʳ de Heilly capⁿᵉ et gouvʳ d'Hesdin viendrait de ce que la
chevalerie était encore à cette époque en vigueur et que le
Mᵃˡ aurait reçu ce gentilhomme chevalier (Note de M. Danvin).

faire beau feu. Estant aux champs cinquante chevaulx
de ma compaignie ont trouvé leur boute feu et quelques gens de cheval bourguignons et aussi quelques
partis anglois dont il est peu retourné en leur camp.
La plus grant part ont esté taillez en pièces. Il en a
esté icy amené huict ou dix entre lesquels il y a un
homme d'apparence. Ilz disent qu'ils attendoient de
la grant artillerie qui leur doit venir de Calais et qu'ils
sattacheroient à quelque une de noz places memes à
Ardres ou à Montreuil. Parquoy je vous prye donner
ordre d'y faire marcher la diste enseigne de voz gens
de pied, et faire advancer les gens d'armes, estant
nouvelle que le roy vous a envoyé par delà avecques
un bon renfort qui nous sera moyen de luy faire bon
service. Vous priant, monsieur mon filz, de ce qu'il
vous surviendra et pourrez entendre m'advertir incontinent; de mon costé, je vous adviseray de la conduicte
que tiendront les dictz Anglois pour de ce qu'il me
sera possible servir Montreuil votre place. Me recommandant à votre bonne grace, je prye Dieu, M. mon
filz, vous donne ce que desirez. De Boullongne le
xxiiie juillet 1543.

Votre pere et meilleur ami à jamais,

OUDART DU BIEZ.

Extrait de l'*Hist. du Vieil Hesdin*, p. 231-32), par Danvin.
Citée par d'Hautefeuille, *Hist. de Boulogne* I, 227. et repro-
duite en partie par Deseille, *Année Boulonnaise*, p. 371.

VII

Lettre du sʳ du biez à M. de Montmorancy

1543 14 aoust.

Monseigneur vous aurez sçeu par ce que le sʳ de Borrant m'a dit vous avoir escript ce que s'est fait en cette compagnie depuis que votre homme en est party ; à quoy se peult adiouster que ce jourd'huy cinq enseignes de gens de pied que le sʳ de Rœux, faisoit tenir fort entre deux rivières, ont esté assaillis par cinq aultres enseignes des nostres, de telle sorte qu'ils ont esté contrains d'abandonner le dit fort, et eux retirer de là une grosse rivière, passant laquelle il en a esté pris, que tué, que noyé, plus de huit cens : Et pour ce que ledit sʳ de Borrant m'a dit vous en escrire bien amplement je ne vous en tiendray plus long propos me recommandant très humblement à vostre bonne grace, je prie Dieu Mgr, vous donner très bonne vie et longue. Du camp à Ausque le 14 d'aoust 1543.

Oudart du biez

A Mgr M. de Montmorency (1) *Gᵈ Mᵉ et Connestable de France.*

Bibl. Nat. *Clairambault*, *339*, fº 26. Copie.

(1) Anne de Montmorency, connétable.

VIII

1543 17 8ᵇʳᵉ

ROOLLE DE LA MONSTRE et reveue faicte à Sᵗ-Quen-
tin en Vermandoys le 17ᵉ 8ᵇʳᵉ 1543 de 49 hommes
d'armes et 74 archers du nombre de 50 lances fournies des ordonnances du Roy, estans soubz la charge
et conduicte de Monsʳ le Conte d'Anghien leur cappitaine, sa personne comprinse par nous Robert de Framezelles, chlr, sʳ dudit lieu et de Verchoc, commissaire
ordinaire des guerres, commis et ordonné à faire
ladite monstre et reveue suyvant laquelle le payement
a esté fait ausdicts hommes d'armes et archers de
leurs gaiges et souldes du quartier d'avril, may et
juing dernier passé par Raoul Moreau, payeur de
ladicte compaignie pour servir à l'acquict de Mᵉ Guy
de la Maladiere conseiller dudit sʳ et tresorier de ses
guerres. Desquels hommes d'armes et archers les
noms et surnoms ensuyvent :

Et premierement : *Hommes d'armes appoinctez :*

Monseigneur d'Anghien cappitaine, françoys Des-
tanaye, lieutenant, de Regnier, enseigne. Jehan de
prunele, guydon. Jehan dennysement, mareschal des
logeys.

*Hommes d'armes bardez prenans la paye de 20 liv. ts.
par moys.*

Jehan de bournouille, Robert bouchard, Anthoine
de brehanuille, Nicolas de gruches, Louys de symace,
Jehan de beauuays, Nicolas de hericourt, Jehan de
chassy, françoys de bilques, Loys de gaillardboys,
françoys de paigne, René de lambert, Jehan bournel

pour la demye grande paye qui est de xvii l. x s. ts.
par moys.

Hommes d'armes à la petite paye quy est de 15 liv. ts.
par moys.

Anthoine de Lanyon, Guillaume de Gaillarboys,
Jehan de Sailly, Pierre delannoy, Baltazard de Soicourt, Federic de boffles, françois le faye, Philippes
dupré, Charles de gommer dict'crignures, Nicollas de
hellencourt, Claude de Villiers, françoys parent, le
bastard de Sailly, Jehan de lubre, Adrian de chasze,
Loys de boffles pour ii^m vii jours, Guillaume beton,
Simon Gaudard, Lancelot du tertre, Louys delabée,
françoys Guillebon, Laurens de therouuille, françoys
de barbanson, Jacques de marmande, nicollas du
Raoullet, Jacques de Sabreucys, Augustin dauxy,
René de Courtenay, André de Rubempré, françoys du
perthuur, Claude du bascoing pour ii^m vii jours.

Archers à la grand paye quy est de 10 liv. ts. par
moys.

Anthoine de chardon, Jehan bullet, Jehan deban-
don, Maximillian de St Simon, Jaques Vinchon,
pierre de mirencourt, Françoys de Salle, Arthus
de gicourt, Bernard de la foresterie, Claude de
bascoing pour xxiii jours et pierre dissy pour le
reste, Jehan Royer, Loys de boffles pour xxiii jours
et Jehan de la plume pour le reste, Jehan du Mo(n)tail,
flourent de hedouuille, Florimont de Boffles, Izaie du
clou, Nicollas Boullongne, françoys boullongne, Jehan
du Mont, Jehan debocourt, Jehan Cornnan, anthoyne
de chamployseau, Jacques de St Martin, Robert le
secq, Louys de Sizancourt, Jaques de Marcouville
pour xxiii j. et Loys Briel pour le reste, Claude de

hangest, Anthoyne follye, Nicolas de hacquigny pour 11^m VII jours en place contrere ? et le reste en demie place ; Guillaume de Courtenay, Adrian de Samer ? Denys Regnard, Philippes Fercot, Pierre de Villerval, Claude de Flenoy, anthoine le coq, Claude du belloy, Pierre Regnard, Jehan Bizet, martin de mero(u)ville, Claude Gillet, Claude de May, Christofle de lience, Adrian de lamethe, Adrian de la Viefville, Baltazar dismeau, nicolas de la forge, pierre de gastelle, Adrian de la Varenne ;

Archers à la petite paye :

Françoys Langloix, françoys de Soicourt, Jaques de gauuille, Jehan du flox, Aimet de vaupergues, roger briffault, Loys heuron, Denys destampes, pierre chenu, thomas carbonnyer, Jehan de baillon pour …V jours, Charles de feuquerolles, Jaques du chesnay, georges de linfernat, anthoine du bouffeau, Mathieu de la Salle, Anthoine daumont, Jaques de hervimille, charles de lespine, Regné de lignieres, charles de boual, Valentin moret ? pour 11^m VII jours, françoys duthes, claude de thigny, pierre de rousserolle.

Nous Robert de framezelles, commissaire ordinaire des guerres devant nommé, certiffions à Messrs les gens des comptes du Roy nostre Sire à Paris et autres quil appartiendra avoir veu et visité par forme de monstre et reveue tous les dessus nommez et escriptz, 49 hommes d'armes et 74 archers du nombre de 50 lances fournies des ordonnances du Roy estans soubz la charge et conduicte de Monsr le Conte danghien leur cappitaine, sa personne y comprinse, dont en y a 12 hommes d'armes et 49 archers à la grand paye quy est de 20 liv. ts pour chacun homme d'armes et 10 liv. ts. aussy pour chacun archer pour moys, ung desdits hommes d'armes a 17 liv. 10 s. ts aussy par moys et le reste d'iceulx hommes d'armes et archers à la petite paye quy est de 15 liv. ts aussi pour chacun homme d'armes et 7 liv. 10 s. ts pour archer pareillement par moys. Desquels hommes d'armes et archers nous avons trouuez en bon et suffisant estat pour servir le Roy nostre dit sr ou faict de ses guerres et par tout ailleurs où il luy plaira, cappables d'avoir et prendre les gaiges et souldes ordonnés par le Roy nostre Sire pour le quartier d'avril, may, juing 1543 dernier passé. En tesmoing de ce nous avons signé ce present Roolle de nostre main et icelluy faict sceller du sceel de noz armes l'an et jour dessusditz.

    R. de FRAMEZELLES (sceau disparu).

En la presence de moy Thibault Minyer, contre-rolleur ordinaire des guerres, tous les dessus nommez et escriptz 49 hommes d'armes et 74 archers du nombre de 50 lances fournies des ordonnances du Roy estans soubz la charge et conduicte de Monsr le Conte danghien, leur capne, sa personne y com-prinse, dont en y a 12 hommes d'armes et 49 archers à la grande paye quy est de 20 liv. ts. pour chacun homme d'armes et 10 liv. ts pour chacun archer par moys, ung desdits hommes d'armes a 17 liv. 10 s. ts. aussy par moys et le reste d'iceulx hommes d'armes et archers à la petite paye quy est de 15 liv. ts. aussy pour chacun homme d'armes et vii liv. x s. ts. pour chacun archer pareillement par moys, ont confessé auoir eu et reçeu comptant de Me Guy de la Maladiére,

con^er du Roy nostre dit s^r et tresorier de ses geurres
par les mains de Raoul Moreau payeur de (ladicte)
compaignie la somme de 4,386 liv. 3 s. 4. d. ts. en escus
d'or soleil, au feur de XLVS. ts par pièce et monnoie
de douzains à eulx ordonnée par le Roy nostre dit s^r
pour leurs gaiges, souldes..... et entretenement du
quartier d'avril, may, juing 1543 dernier passé. De
laquelle somme de 4,396 liv. 4 s. 4 d. lesdicts hommes
d'armes et archers et chacun d'eulx particullièrement
se sont tenus et tiennent pour contans et bien paiez
et en ont quitté et quictent lesdicts de la Maladiere
tresorier et Moreau payeur dessusnommez et tous
autres. Tesmoing mon seing manuel cy mis à leur
requeste le 18e jour d'octobre 1543.

MINYER.

1 f. g^d in-plano parch. Archives de Lozembrune.

IX

1543 14 x^bre

Lettre du Maréchal du Biez à M. de Heilly, gouverneur d'Hesdin.

Monsieur mon filz jay reçeu vostre lettre faicte pour
responce. Il fault que vous advertissiez à la court de
ceste muraille tombée en vostre ville Affin qu'il vous
soit envoié argent pour y besongner Car il fault quil
vyenne de là. Au regard de ce qu'on demande à ceulx
de Rollencourt et autres villaiges du comté de St-Pol
Il fault bien quilz se gardent den riens bailler. A quoy
vous debuez bien tenir la main Car ce seroit permis
une chose qui pourroit préiudicier cy après au Roy

Et n'y auroit propos de la souffrir principallement de ceulx dudit Rollencourt, estant la place entre voz mains. Quant au paiement de voz gens de pied je feray partir aujourdhuy commissaire et contrerolleur auecq argent pour en aller faire la monstre et passeront à Montreul pour faire celle du s^r de Senlis A ceste cause (lo)rs tiendrez vos gens presiz, mais entendez qu'il n'y a paiement que pour deux cens hommes des vostres ainsi que m'a escript le tresorier qui est auprès de Monseigneur de Vendosme. Je ne sçay pas qui en est cause sinon que le dit tresorier m'a escript qu'il n'a esté aultre chose ordonné. Sur ce feray fin par men recommandant à vostre bonne grace, priant Dieu Monsieur mon fils vous donner ce que desirez. De Boullongne le xiiiie de decembre 1543.

Vostre pere et parfaict amy,

OUDART DU BIÈS.

(Sign. autographe).

Je vous prie Monsieur mon fils
me faire savoir le plus souvent
que vous pourrez de voz nouvelles.

V^o : à Monsr de helly cap^ne de cinquante hommes d'armes, bailly et gouverneur de hesdin.

M^r le m^al , xiiiie decembre.

(Original, i f. in fol. pap. Arch. A. de R.)

X

1543 vendredi 7 mars (v. st.)

Lettre d'un moine de l'abbaye de Cysoing

Pour nouvelles ne vous sçauroie faire sçauoir sinon belliqueuses et destructiues des pays tant d'Arthois que Boullenois. Le roy d'Engleterre a faict publier par toutes les frontières de decha la mer de non permettre les franchois porter vivres à Ardres sur peine de la hart, et de tout tuer hommes, femmes et enfants. Ce fut faict environ le Noel ; tellement que les Anglois trouuèrent cincq hommes boullenisiens ausquels ils ont tiréz les langues hors des corps dedans le chasteau de guingnes, puis les ont renuoyez sur une charrette en Boullenois ; depuis trouuèrent xiiii femmes et les ont toutes tuéez, sauf une, laquelle estoit enchainte. L'Englois qui l'auoit saulvé fut pendu sur le marché de Guingnes.

Les Anglois sont un jour allet environ deux mille hommes de pied et trois ou quatre cens chevaulx avec artillerie assiéger l'Eglise de Audinghem en laquelle y auoit enuiron quatre vingtz et huict hommes boullenisiens, laboureurs et gens du village ; et est entre Boullongne et Calais, à trois lieues de Boullongne : ils se sont vaillamment deffendu plus de six heures, tellement qu'ils tuèrent ung gentilhomme Anglois et plusieurs aultres : en la fin ils se rendirent la vie saulve. Les Anglois les ont pilliés et tous despouilliés, puis les cappitaines ont dict : Messieurs, quant à nous, qui vous avons prins à merchi, nous vous laissons la vie saulve, mais quant aux gens de guerre nous ne nous en meslons point. Tellement que le bruict court en ceste ville de St-Omer que les piettons entrèrent dedans icelle église et tuèrent tous ces poures païsans sans en eschapper ung seul ; aulcunes femmes entrèrent par une verrière pensant saulver leurs maris et enffans, mais autant quil y en entra furent toutes tuées ; quatre prebstres estans là dedans, ils leurs coppèrent les doigts sacrés et les coronnes, puis après les gorges. La fureur est si grande les ungs contre les aultres que c'est horreur d'en ouyr parler. Ung jour estoient allez en Boullenois environ six vingtz piettons anglois tous chevaucheurs et ung traistre qui avoit intelligence avecq les Franchois, tellement que la garnison de Boullongne les attendoit et tuèrent tous les Anglois ; ung chevaucheur qui s'en fuioit fut reprins des païsans et remenez dedans Boulloigne : lon dit que les pages lui donnerent plusieurs copz après sa mort. Depuis cela les Anglois ont faict crier de prendre nulz Franchois à ranchon, mais tout tuer et sur peine de la hart. Depuis huyct jours, assçauoir la sepmaine devant le quaresme, fut mené en la ville de Callais un homme d'armes de la bende de Monsieur le Maressal du Biés. L'Anglès qui l'auoit prins fut pendu sur le marchiet et le Franchois eult la teste coppée ; sa renchon venue, fut dit à la trompette et deffendu de plus retourner sur sa vie, pour quelque cas que ce soit. C'est grand pittié de la desolation du poure pays. Les villages allentour d'Ardres sont tous bruslés, environ la moictié de Boullognois est bruslé et habandonné jusques aux portes de Boullongne, du

costé vers Callais, et de l'autre costé jusques une
petite demie lieue de Monstreul : en plusieurs lieux
les poures gens ont esté bruslez en leurs clochiers :
cinq monastères ont estez par lesdictz Anglois du
tout ruinez ; le monastère de Beaulieu, Liques, Samer
o Bos, Doudiauuille et St-Inglebert, lesquelz sont
bruslez et les murailles abbatues. Autant de gens de
guerre d'Arthois qui veullent estre au souldre des
Anglois le Roy leur donne payé et demie et leur faict
faire serment et deffence sur le hart de ne prendre
aulcuns Franchois à merchy, mais tout tuer hommes,
femmes et enffans : plusieurs y sont de cette ville de
St-Omer et des païs à l'enuiron, qui est la cause
porquoy en auons souuent nouuelles. Pour les der-
nières nouuelles, Lundi dernier, IIIe de march, deux
hommes de guerre auecq ung marchant de drap de
St-Omer sont venus de la ville de Callais, lesquels
ont veult touttes munitions de guerre, si comme artilleries, pouldre, boullés, harnas, bastons, victualles,
instrumens de pionniers, venant de Londres et de
Douvres par nauires et basteaulx à Callais, mesme une
maison estoffée tout de ploncq qu'on dit que le roy
d'Engleterre a enuoiet : l'on estime que c'est pour
veoir la basterie de Ardres et aultres villes à son
plaisir.

De St-Omer ce vendredi VIIe de march XVe XLIII.

Biblioth. Communale de Lille Mss. no 52.

Recueil hist. provenant de l'abbaye de Cysoing et
composé probablement par un moine de cette abbaye,
grand amateur de nouvelles.

Publiée par M. Deschamps de Pas dans le Bulletin
Sté Antiq. Morinie t. 1er p. 123 (1856, 16e livraison)

(n° 233 du catalogue, probablement le n° 77. Nouvelles de 1543).

La 2ᵉ pièce tirée du même mss. est le siège mis devant Térouane en 1537, 27 juin.

XI

1544, 9 Septembre

p. 572. — INSTRUCTIONS A Mʳˢ LES CARDINAL DU BELLAY, MARESCHAL DU BIEZ, Mʳᵉˢ PIERRE REMOND (1) 1ᵉʳ PRÉSᵗ DE ROUEN, ET CLAUDE DE LAUBESPINE, SECʳᵉ DES FINANCES DU ROY DE CE QUILS AURONT A FAIRE AVEC LE ROY D'ANGLETERRE OU SES DÉPUTEZ POUR LE FAIT DE LA PAIX D'ENTRE LE ROY ET LUY.

Après luy avoir fait les cordiales et fraternelles recommandations du Roy, luy diront que la chose du monde que ledit sgr désire le plus est de voir leur amitié se rétablir par une bonne et seure paix. .

P 574.

Sommaire de la negotiation faite à Boulogne et à Calais

Le mardy 9 7ᵇʳᵉ 1544 Mʳ le Revᵐᵉ Cardinal du Bellay, M. de Laubespine et nous (1ᵉʳ présᵗ de Rouen) sommes arrivés à Hardelot près Boulongne, auquel lieu trouuasmes le comté d'Urfolk et l'evesque de Wincestre avec lesquels pour le dit jour ne fut faite aucune communication, et le lendemain 10 dud. mois

(1) Raimond.

vinrent audit Hardelot le duc de Suffolk, g^d escuyer
du Roy d'Angleterre, et le secrétaire Paget et le trésorier, par tous lesquels ensemble par la bouche dudit
evesque de Vincestre fut commencée la négotiation et
mis en avant quelques articles quils disoient avoir esté
apportez au Roy leur maistre par les s^{rs} de S. Martin,
de Framezelles, lesquels leur dit maistre n'avoit
trouvé suffisant pour parvenir à la paix, et espéroit
que nous aurions apporté meilleures conditions : surquoy y eut plusieurs altercations, après lesquelles
finalement nous fûmes sommés par eux de leur déclarer nostre charge : ce que nous fismes, c'est à sçavoir, combien que nous eussions tous de grands
moyens pour monstrer que de l'obligation de deux
millions d'or, passée par feuë Madame, que Dieu ab-
solue, l'an 1525, nous en estions quittes, moyennant
l'un d'iceux millions par nous payé en dix années,
finissant l'an 1534, car estoit chose certaine que de
l'autre million n'en est rien deu, et qu'il estoit composé des parties que le Roy ne devoit, qu'évidemment
et par la lecture mesme du traité de l'an 525 de la
pension viagere de cent mil escus, avoit esté créée et
constituée sans cause ou moyen valable, et qui n'avoit
sorty aucun effet : et d'abondant que les ligues et
conventions d'alliances n'avoient esté gardées ny
entretenues par le Roy d'Angleterre l'an 536, au
moyen de quoy sans que l'on peust nous imputer de
ne vouloir suivre les traitez, tant de la dite année 536
que 37 et autres subséquentes nous eussions raison-
nablement et clairement soutenu n'être tenus aux
choses susdites : toutes fois pour le bien de la paix et
pour parvenir à icelle nous estions contens de payer le

reste de ladite obligation de deux millions à termes
raisonnables et tels que par ledit Seigneur seroient ar-
bitrez : et au surplus suivre et entretenir les traitez cy-
deuant faits entre lesdits seigneurs, et ne fismes les
dites offres qu'ausdits termes generaux sans nous
obliger specialement au payement des pensions
créées et constituées par lesdits traitez, tant viagères
que perpetuelles. En second lieu pour le regard
de l'alliance d'Ecosse, que nous ferions envers les
Escossois de sorte, quils demeureront avec nous
et eux, alliez et bons amis Et finalement après
plusieurs propos tenus pour les dommages de la
guerre soutenus par le Roy d'Angleterre, qu'il
estimoit à quatre millions d'or, nous nous laissames
aller jusque-là, suivant nos instructions, de leur
déclarer qu'avant qu'un si bon œuvre se fist nous nous
voulions bien faire forts que le Roy, encore que ce fût
à luy à demander ses dommages et interets, s'élargi-
roit de donner jusques à une bonne somme de deniers
comme cent mille écus ou autre raisonnable. A quoy
les dessus dits nous firent réponse que nos conditions
de paix estoient beaucoup moindres que celles qu'a-
voient apportées lesdits de S. Martin, de Framezelle,
et qu'il n'y avoit esperance de paix par le moyen
d'icelles : toutefois qu'il(s) en feroient rapport au Roy
leur maistre : interpellez par nous sous quelles autres
conditions ils entendoient travailler, nous dirent qu'ils
entendoient que nous renonçassions absolument à
l'alliance des Escossois, leur payant comptant ledit
million d'or, lequel ils appellent mal leurs arrérages ;
et doresnavant la pension de cent mille écus viagère,
avec confirmation de la perpétuelle, avec payement de

3

leurs dits dommages et interests, lesquelles conditions remonstrâmes par nous estre du tout hors de raison : declarasmes toutefois que nous les ferions sçauoir au Roy, et sur ce se départirent d'avec nous.

Le dimanche ensuivant 11 dud. mois ledit seigneur Roy d'Angleterre nous fit aller à son camp, et le lendemain allasmes à luy, nous tenant tels et semblables propos, et encor plus forts et difficiles, lesquels quelques iours après il nous fit bailler par escrit, et les porta au Roy ledit Seigneur de Laubespine, contenant que le Roy se départiroit de l'alliance, si aucune en avoit avec luy. Que ledit seigneur Roy quitteroit l'alliance d'Escosse, que ledit million d'or luy seroit payé (moitié) comptant et l'autre moitié au Noel ensuivant, et doresnavant la pension viagère de cent mille escus seroit par chacun an payée et la perpetuelle confirmée.

Pour les arrerages et interests de la guerre seroit baillé la somme de deux millions d'or, au lieu d'icelle la ville d'Ardres et la comté de Guines. Que tout ce que tenoit lors ledit seigneur Roy d'Angleterre, et ce quil pouuoit prendre sur nous jusques au traité de paix, mesme Boulongne demeureroit à perpétuité. Que pour le payement des choses dessus dites luy seroient baillez ostages opulens, pour chacun de douze mille livres de rente ou environ, dont pour le moins l'un d'iceux seroit Prince du sang, et ne seront muables que par mort : et si le dit seigneur Roy accordoit les articles dessus dits, et peut promptement fournir ses ostages, iceluy seigneur Roy d'Angleterre soit néantmoins tenu lever son siège devant Montrœuil, pourveu qu'en attendant lesdits ostages iceluy seigneur Cardinal et premier président de Rouen demeurassent ostages, nonobstant tel sauf conduit.

Avant que ledit seigneur de l'Aubespine arrivast en Cour, le Roy nous fit entendre l'appointement fait entre luy et l'Empereur, et receûmes ses lettres le samedi 20 dudit mois, contenant que nous eussions à prendre congé du Roy d'Angleterre, le plus gratieux que nous pourions, luy fismes entendre ladite paix, et que du differend d'entre luy et ledit seigneur d'Angle- terre, il en avoit fait l'Empereur arbitre, ou bien que nous prissions ledit congé, et ne passions outre en nostre negociation, jusques à ce qu'iceluy sr Roy en eût conferé avec nous. Sur ce nous aduisâmes estre pour le mieux prendre l'occasion de nostre partement, sur ledit second pour plusieurs bonnes causes qui nous mouuoient, et là fismes entendre au Conseil dudit sr Roy d'Angleterre, qui ne nous voulut donner congé ny audience jusques au mardy ensuivant 23 dudit mois, et luy fismes entendre ledit appointe- ment et arbitrage, dont il fut très mal content, toutes- fois nous donna gratieusement congé, nous priant faire bons offices de ministres pour parvenir à une bonne paix, ce que nous luy promîmes : toutes-fois il nous retint encor le lendemain, mais le jeudy nous laissa aller, et voilà le fait de la négociation faite à Boulogne.

Trouuâmes le Roy à Amiens, et luy fismes le raport des choses dessusdites, aussy s'y trouva M. d'Arras, envové par l'Empereur pour médiateur, lequel s'en alla à Calais, où fûmes ledit sr Cardinal du Bellay et premier président de Rouen renvoyez avec instruc- tions, c'est à sçauoir que ledit seigneur ne quitteroit

aucunement l'alliance d'Escosse, mais y envoyeroit le
dit sgr Roy et feroit en sorte quil entreroit en alliance
et amitié avec lesdits seigneurs, que ledit s^r Roy demeureroit ferme pour le recouurement de Boulongne
et ne delaisseroit aucunement la ville d'Ardres, ny un
pied de terre de son Royaume ; mais bien payeroit le
reste de lad. obligation de 25 mille liures par chacun
an, payeroit la pension viagere et confirmeroit la perpétuelle selon les Traitez, bailleroit pour lesdits dommages et interests la somme de deux à trois cens mil
escus, et envoyeroit gentils-hommes en ostages riches
jusques à 6 ou 7 mil livres de rente par an, qui seroient renouvellés d'an en an et deux en deux ans.

Arrivâmes à Calais le 8 ou 10 d'octobre ensuivant,
ou en la premiere communication faite auec les ducs
de Norfolk et Suffolk, comte d'Urfoch, Evesque de
Vincestre, secretaire Paget et autres en la presence
dudit sieur d'Arras et du s^r de Courrieres, les dessusdits nous declarerent absolument l'intention de leur
maistre estre de ne rendre Boulogne, ny entrer en
alliance ny autres capitulations avec nous, sans accorder premierement nous vouloir departir d'alliance
auec Escosse, au moyen de quoy nous n'entrâmes pas
plus avant en la declaration de nos offres parti-
culieres.

Et l'après diné en la seconde communication nous
leur fismes sommation que puis que par le moyen dudit s^r d'Arras ne pouuons vuider nos diferents, ils
eussent à envoyer dedans six semaines devers l'Empereur Ambassadeurs pour entendre l'advis et arbitrage dudit s^r Empereur : sur les differents tant du
reste de ladite obligation et pensions, que dommages

de la guerre susdite pretendus par l'un et par l'autre
avec protestations que le temps dessus dit passé
nous demeurions déchargez de la soûmission par nous
faite à l'Empereur par le Traité de paix et en nostre
entier de nous pouvoir dire quitte et déchargez, tant
du reste de ladite obligation de deux millions d'or que
pension susdite, sans que l'on nous pût imputer infraction des Traitez precedens. Surquoy comme estant
chose, ainsi quils dirent, à eux nouuelle, ils deman-
derent delay d'en aduertir leur maistre, nous assurans
de response dans huict jours, au lieu de laquelle ils
envoyerent le comte d'Arforch et l'Evesque de Vincestre deuers l'Empereur, qui n'en partirent de deux
mois après : et cependant et attendant ladite réponse,
nous nous retirâmes à Grauelines, où nous fusmes
trois semaines entières, et jusques à ce que ledit seigneur Roy adverty par nous de ladite manière de faire,
nous manda de prendre congé et nous retirer. Au
moyen de quoy, nous retournàmes à Calais et som-
mâmes derechef ledit s^r du conseil du Roy d'Angleterre, en la presence de M. d'Arras, de nous faire
réponse, qui nous dirent qu'ils l'attendoient toujours
de leur maistre : au moyen de quoy nous leur décla-
râmes que nous persistions aux sommations et protestations précédentes et sur ce prismes congé desdits
seigneurs et dudit s^r d'Arras le plus gratieusement
qu'il nous fut possible, qui fut la fin de nostre négotiation.

Les pièces pour le fait dessusdits estoient les origi-
naux des Traitez de l'an 525-527 et autres subséquens,
estans en une layette qui fut baillée audit s^r Cardinal
du Bellay, qui les apporta à Boulogne et demeurèrent

toujours en ses mains : car audit temps le Roy estant
à Compiegne, manda à moy premier president estant
à Paris pour le procez de maître Guillaume Poyet,
chancelier de France, me retirer en diligence à Abbeville, et là devers le Roy d'Angleterre auec lesdits
seigneurs Cardinal du bellay et de L'aubespine : et
depuis ay entendu que lesdites picces ont esté apportées au tresor des Chartes et en la Chambre des
Comptes.

BIBLIOT. NATIONALE : Fr. 6,606.

XII

1544 15 8bre.

Lettre du Roy à M. du Biez

Mon cousin jay entendu votre indisposition dont il
m'a très grandement depleu, et encore mon cousin que
vous aïés eu cause raisonnable de vous attrister pour
aucuns accidentz suruenus et mesmement pour la
mort du sieur de fouquesole, vostre gendre, de laquelle
jai reçeu en mon endroit très grand regret et deplaisir,
pour y auoir perdu un bon seruiteur et homme de
bien, toutefois, mon cousin, vous aiant tousiours
trouué et congnu sy sage et vertueux comme nourry
de tout temps à la guerre quy vous a donné assés
d'experience et conoissance des hazars et fortunes
quy y suruiennent, et que pour cela il ne faut laisser
vaincre et succomber vostre vertu de laquelle jespere
encore tirer quelques bons et grands seruices. Je vous
prie mon cousin, de tant que vous desirés faire chose
quy me soit agreable, de mettre la peine de jetter de

vostre cœur tous ennuis et facheries et ne penser à autre chose qu'à vous guarir et bien traiter, en quoy faisant vous ferés beaucoup pour vous, et encore plus pour moy pour le besoing que j'ay de vostre presence laquelle me feroit beaucoup de faute, priant Dieu quil vous ait en sa saincte garde, Escrit à Arques le 15ᵉ jour d'octobre 1544 : signé : FRANÇOIS, et plus bas : BOCHETEL, et au dessus « A mon cousin le sieur du Biez, cheualier de mon ordre et mareschal de france. »

(*Des senechaux du Boulenois*, par J. Scotté. Mss inédit in fol., folio 32 recto et verso.)

XIII

1544 15 8ᵇʳᵉ.

Quittance

Je alain Veau, esleu de Beauuais et payeur de la compaignye de cinquante lances fournyes des ordonnances du Roy nostre Sire estant soubs la charge et conduicte de Messᵉ Françoys de Montmorency Seigneur de la Rochepot, chˡʳ de l'ordre du Roy nostre dit sʳ Confesse avoir eu et reçeu comptant de Mᵉ Nicolas de troyes, conᵉʳ dicelluy sʳ et trésorier de ses guerres La somme de 56 liv. 5 s. ts à moy ordonnée par le Roy pour mes gaiges dudit office de payeur du quartier de Janvier Février et mars 1543 derrain passé, pour lequel jay faict les fraiz de recouvrement des deniers et payement desdictes 50 lances qui est à 11 c xv l. par an De laquelle somme de LVI l. 5 s. ts je me tiens pour contant et en quicte ledit de Troyes tresorier et tous autres. Tesmoing mon seing Manuel cy mis le xv⁰ octobre 1544.

Veau.

1 f. parch. in 4° obl.

Bibl. Nat. *Pièces orig. 2031* pièce 88.

XIV

Armée Française. Siège de Boulogne

1544 22 janvier. — Zachomo Rosso, maistre de camp des bandes italiennes, commandées par le comte de Saint second sous les murs de Boulogne, confesse avoir reçu de Pierre Sanson, trésorier des guerres, la somme de 100 liv. tournois pour un mois de solde à lui du.

N° 209 du catalogue de vente par Charavav, 12 et 13 nov. 1867.

XV

1545 2 juillet.

Lettre du Roy à Mr de Vendosme (1)

Mon cousin estant aduerty que de toute la gendarmerie que j'auois ordonné pour la Picardye, il ne s'y retrouve pas à cette heure cent hommes à cheval, de quoy j'ay merveilleusement grande occasion d'estre mal content des chefs et capitaines, d'aultant que

_____

(1) Antoine de Bourbon, duc de Vendôme, depuis roi de Navarre.

estant l'heure venüe qu'il fault commencer à frapper à l'œuvre du fort que je veulx faire faire davant Boulongne, une des principales choses pour tenir en seureté ceulx qui y travailleront et rendre la commodité à la conduite des vivres est la force des gens de cheual. A ceste cause je vous prie depescher incontinant la presente reçeue quelques gentilshommes des vostres pour aller devers lesdits chefs qui sont audit pays de Picardye, leur faire entendre le mal contentement que jen ay, et leur ordonner trés expressément sur tant qu'ils craignent d'encourir mon indignation, qu'ils ayent en toutte dilligence à rassembler leurs gens, a eulx retirer la part que sera mon cousin le mar[al] du Biez le plus tot que faire se pourra et qu'ils fassent ung roolle de ceulx qu'ils trouueront refusans d'y aller, pour le m'envoyer, sans en espagner ung seul ; car je suis delibéré de depescher gentilshommes exprés pour aller veoir et me rapporter au vray ce qui sera en chacune bende, et de la faulte qui se y trouuera je ne men prendray que ausdits chefs et capitaines, dont je feray faire telle exemple quil en sera memoire d'icy à cent ans ; m'advertissant de l'ordre que vous y aurez donné, et des autres choses de delà que entendrez concernans mon service. Priant Dieu, mon cousin, qu'il vous ait en sa sainte garde. De Toncques le 11 de juillet 1545.

FRANÇOIS.

DE LAUBESPINE.

(BIBL. NAT. *Clairambault 339*, f° 162, Copie).

XVI

1545 30 juillet.

Lettre de François 1er au Mareschal du Biez

Mon cousin, J'ai entendu par mon cousin le cardinal de Tournon que vous estiez en quelque peine et ennuye de quelques propos qu'on nous a tenu, qu'estiez hors de ma bonne grace, chose que j'ai trouvé merveilleusement estrange, car entendez, mon cousin, que s'il estoit ainsy que j'eusse le moindre soupçon et mecontentement de vous, je ne mettrois entre vos mains une telle charge que celle que je vous ay baillé, pourquoy je vous prie bien fort, bien fort oster cela de vostre fantaisie et demeurer en repos, je vous ay en aussy bonne affection que j'eusse jamais, voire autant que nul autre serviteur que j'ay, croyant fermement que ceux qui nous ont dit telles choses ne sont gens de bien, et n'aiment ny mon service, ny vous, priant notre seigneur, mon cousin, qu'il vous ayt en sa sainte garde.

A Jumièges ? ce trentieme jour de juillet 1545.

FRANÇOIS.

BOCHETEL.

Au verso : *A mon cousin le marechal du Biez, mon lieutenant en Picardie en l'absence de mon cousin le duc de Vandomois.*

J. Scotté : Siège de Boulogne, mss. f° 44 (Copie).

XVII

1545 18 7bre.

Attestation pour Jehan de Damas,

écuyer, homme d'armes, *au camp devant Boulogne.*

Nous soubzsignez Anthoyne de Loumaigne chevalier visconte de gymoys sieur baron de terrydes, lieu-
nant de Monsieur le Grand escuyer de france (1),
Robert de flammezelles chevalier sieur dudit lieu,
commyssaire ordinaire des guerres. Claude Moryn
controlleur ordinaire des guerres, Et Claude boutet
trezorier et payeur de ladite compagnye dudit sieur
grand escuyer Certiffions a tous quil apartiendra que
Jehan de damas dict Verpré escuyer sieur dudict lieu
est homme darmes de la compagnye dudit sieur grant
escuyer duquel auons Reçeu le serment suyuant les
ordonnances du Roy faict au camp dauant boulongne
le dix huictiesme jour de septembre lan mil cincq cent
quarante cincq.

MORIN.

TERRIDE

R. DE FRAMEZELLES

BOUTET.

(Original 1 f. in-4° obl. vélin.) Arch. A. de R.

(1) Jacques de Genouillac, Sgr d'Acier.

XVIII

1545 26 8ᵇʳᵉ.

Revue de la Compagnie de Mgr de Montpensier

présentement au fort de la Villeneuve-lès-Boulogne.

Roolle des hommes darmes et archiers nouueaulx enroollez En la compagnie de Monseigneur le duc de Montpensier, Ausquelz en faisant la monstre et paiement de ladite compagnie en la ville de Abbeuille le vingt sixiesme jour doctobre lan mil cinq cens quarante cinq Pour le quartier doctobre, nouembre et décembre ᴍᵛᶜ quarante quatre dernier passé, A esté par ordonnance du Roy nostre Sire fait prest et auance dun quartier dan Ainsy quil sensuit :

Et premierement :

hommes darmes petite paye

francoys des hayes Enseigne pour son estat et place ɪɪɪɪ ˣˣ xv liv. t(ournoi)z, Jacques dalloue   xʟᴠ liv. t.

Archers grant paye

francoys de La Lande	xxx liv. t.
pierre de La Leu	xxx liv. t
Jehan bernard	xxx liv. t.
Urban de la pommeraye	xxx liv. t.
francoys Jay	xxx liv. t.
Loys de lobellon	xxx liv. t.
Joseph Gontier	xxx liv. t.
Guichard Arnault	xxx liv. t.
Loys de breteuil dit la Croix	xxx liv. t.

Georges de Roziere	xxx liv. t.
Dymitre La diche	xxx liv. t.
Pietre Larbanoys	xxx liv. t.
Michel Bone (ou Boue)	xxx liv. t.
le baron despanuilliers et Françoys dilliers	xxx liv. t.
Jehan de Richer dit de Verny	xxx. liv t.

Archers petite paye

Gabriel de Jassan	xxii liv. t.
Andre de la fa	xxii liv. t.
Gabriel de Mir	xxii liv. t.
Jehan de beaucaire	xxii liv. t.
Mathurin Vollon	xxii liv. t.
Jehan de Crasseteau	xxii liv. t.
Charles de la Cousture	xxii liv. t.
Pierre de Verinault dit le mas	xxii liv. t.
Pierre de la Riche	xxii liv. t.
Jehan de vaulx le filz	xxii liv. t.
Hugues dasse	xxii liv. t.
Pierre fouchet	xxii liv. t.
Jehan du bouchet	xxii liv. t.
Jehan de Joussigny	xxii liv. t.
Henry mareschal de la compagnie	
federic de boismerin	xxii liv. t.

Nous francoys Durel, chevalier, seigneur de la Pernilliere, commissaire ordinaire des guerres et Estienne Menisson contrerolleur aussi ordinaire dicelles, Certiffions a Messieurs les gens des comptes du Roy nostre sire à Paris et autres quil appartiendra Que ce jourdhuy faisant par nous la monstre, Reveue et contrerolle de la compagnie de Cinquante lances fournies des ordonnances dudit Seigneur Estans soubz

la charge et conduicte de monseigneur Le duc de
montpensier pour leurs gaiges et soulde du quartier
doctobre Nouembre et decembre mil cinq cens quarante quatre dernier passé Nous auons oultre les
hommes darmes et archers qui ont esté passez et
päiez Comme il appert par le roolle dicelle monstre et
Reueue par nous expedié Veu et visité par forme de
monstre Veue et Reveue tous les dessus nommez deux
hommes darmes, trente ung archers nouueaulx enrollez
en ladicte compagnie ou lieu des absens cassez et
places vuides en icelle. Lesquelz nous auons trouué
en bon et suffisant estat et habillemens de guerre pour
seruir le Roy nostre dit sieur au fait de ses guerres Et
par tout ailleurs ou Il luy plaira les emploier Cappables dauoir prandre et receuoir le prest et aduance
dun quartier dan quil a pleu au Roy nostre dit sieur
ordonner leur estre fait des deniers à luy reuenans
bons a ladite monstre pour leur ayder a supporter les
fraiz et despens qui leur conuiendra faire luy faisant
seruice *Mesme au fort de la Villenœufue-Lez-bouloigne*
ou ledit Sieur fait presentement retirer ladicte compagnie Pour la garde seureté et deffense dicelluy. Et ce
oultre et pardessus ung autre prest quy fait leur a
esté nagueres a la monstre de l'embarquement de
mer Pour le quartier de juillet aoust et septembre pré-
cedant Ausquelz hommes darmes et archers Après
quil nous est apparu que a cause de leurs enrollemens
Ilz ne pourroient aucune chose receuoir a ladicte
monstre Veue et Reueue Nous auons suiuant lordonnance dudit sieur donnée a Corbye le quatriesme jour
du present mois doctobre fait faire en nostre presence
prest et auance dun quartier dan par Jaques Pourret

commis a faire le paiement de ladicte compagnie pour labsence de Charles Crestal paieur dicelle Des deniers qui se sont trouuez reuenans bons audit sieur de ladite monstre et paiement dudit quartier doctobre MV^c xLIIII. Ledit prest montant ensemblement a la somme de neuf cens cinquante liures tournois Comprins cinquante liures tournois Dont a este fait prest audit francois des hayes Pour son estat de porteur d'enseigne dun quartier dan. Pour lequel prest fait ainsi que dit est et suivant lordonnance dudit sieur Nous auons expédié ce present Roolle pour seruir a lacquict de Maistre Nicolas de Troyes conseiller dudit Sieur et tresorier ordinaire de ses guerres par tout ou il appartiendra Lequel prest lesdits deux hommes darmes et trente ung archers dessus nommez et chacun deulx particullierement Ont confessé auoir eu et receu comptant dudit Me Nicolas de Troyes par la main dudit Pourret. Dont Ilz se sont tenuz pour contans et bien paiez. Et ont promis et promectent en tenir compte au Roy nostre dit Sieur sur le seruice qui luy ont fait ou feront par cy après en Icelle compagnie. En tesmoing de ce nous auons signé de noz mains ce present Roolle et Icelluy fait sceller du scel de nous commissaire dessus nommé. Fait en ladite ville de Abbeuille ledit vingt sixiesme doctobre Lan mil cinq cens et qurarante cinq.

MENISSON.

F. DUREL

(Original : 1 f. p^t in plano, parch.)

Archiv. A. de R.

XIX

1545 11 janvier.

Lettre de François 1er au mareschal du Biez.

Mon Cousin

Ce ne ma pas esté chose nouvelle d'entendre le bon et notable service que vous m'avez fait à ce coup, sçachant que vous ne fites jamais autrement en tous lieux où vous vous estes trouvé pour mon service. Mais celuy cy est si louable et sy a propos que jamais maitre ne se contenta plus de serviteur que je fais de vous, ainsy que vous dira de ma part plus amplement le sieur de St Germain, lequel je renvoye par devers vous pour les causes que vous entendez, vous priant de croire ce que sur ce il vous dira de ma part plus amplement tout ainsy que vous feriez (je feray) moy même, priant Dieu, mon cousin, qu'il vous ait en sa sainte garde ; escrit en saint Germain en Laÿ le 11 janvier 1545.

FRANÇOIS

DE LAUBESPINE

au dos : *Au Mareschal du Biez, mon lieutenant etc.*

(J. Scotté : Siège de Boulogne fo 44, Copie).

XX

Lettre du Maréchal du Biez au comte d'Aumale (1)

1545 14 janvier.

Monseigneur il vous plaira me pardonner si par le sr de St Germain je ne vous ay escript et faict en-

(1) François de Lorraine, duc d'Aumale, duc de Guyse en 1550.

tendre comme les choses furent conduictes le jour de
ceste derniere victoire. Vous asseurant quil fut des-
pesché si soudainement — que je n'euz onqs loisir
de ce faire Mais jestime que ce que j'en ay amplement
escript au Roy ne vous aura esté celé qui contenoit la
vraye vérité et la maniere comme toutes choses y pas-
sarent Estant bien marry, Mgr., que vostre compaignye ne se y trouva Car auecq icelle j'eusse esté en
danger de faire grand paour à ceulx de la Basse
Boullongne. Elle arriva, il me semble, ung jour ou
deux après mon retour Et depuis ont mené un train
de vivres au fort ou Ilz trouvarent les ennemys qui ne
les volurent attendre, mais gaignarent à la fuytte par
le pont de le brique. Nous y retournerons encores
quelque jour Et pour la bonne conduite et deuotion
En quoy sont de bien faire non seullement les chefz
mais les soldatz je me promectz quelle fera si bon
service au Roy que luy et vous en demeurerez comptans.

Monseigneur je me recommande à vostre bonne
grace et prie Dieu vous donner tres bonne et longue
vye. De Montreul le xiiie jour de janvier 1545.

V're tres humble et tres obeissant serviteur

OUDART DU BIES

A Mgr Mgr le conte d'Aubmalle

BIBL. NAT. *Clairambault* 339, f° 123.

2 f. p' in-f° pap. Orig.

(Cachet empreinte effacé).

4

XXI

A Mgr Mgr le conte d'Aubmalle.

1545 3 fév.

Monseigneur suiuant ce que m'avez escript et commandé que sil s'offroit occasion de faire quelque belle faction par deça que Je vous en aduertisse, je n'ay voullu faillir vous adviser, Monseigneur, que le Roy m'a mandé que par dedant huit jours son escorte de mer sera preste pour faire l'advitaillement du fort, et pour autant quil fauldra là demeurer cinq ou six jours auprès dudit fort, attendant que le dit advitaillement sera descendu et mis dedans Et que j'estime que les Angloys vouldront lors avoir leur reuenche Vous penserez, Monseigneur, sil vous plaira vous y trouver et je vous acompaigneray et obéiray comme le plus affectionné de voz serviteurs ; Incontinent après se fera aussi celluy d'Ardre ou l'on demeurera plus longuement à la compaigne qui ne sera comme je m'y attends sans frapper. Vous suppliant très humblement Mgr escripre à vostre compaignie quelle demeure par deça la myeulx fournye qu'il sera possible comme celte que le Roy entend estre à ces factions, et de laquelle je me fye autant.

Mouseigneur je me recommande très humblement à vostre bonne grâce et prye Dieu vous donner très bonne et longue vye. De Montreul le 3e jour de fevriert 1545.

Vostre très humble et tres obeissant serviteur.

OUDART DU BIES.

BIBL. NAT. (*Clairambault* 339, fo 130-131, Orig.)

XXII

Lettre du Maréchal du Biez au comte d'Aumale.

1545 8 février.

Monseigneur j'ay reçeu la lettre quil vous a pleu m'escripre du second jour de ce present mois Et ne vous sçaroye assez humblement remercier des nouvelles dont par icelles vous m'avez fait part. Vous advisant, Mgr, que je suis très ayse du bien et honneur quil plaist à Monseigneur le dauphin faire à M. de Bourbonne de le prendre des syens Et quant à l'excuze des cinq hommes d'armes et 4 archers de vostre compaignye nommez au memoire que m'auez envoyé pour la prochaine monstre je commanderaye aux commissaire et contrerolleur qui feront vostre monstre de les passer et employer au roolle, désirant non seullement en cest endroict vous satisfaire de ma puissance, mais l'emploïer en tout aultre où il vous plaira me commander jusques à y mettre de très bon cœur la vye comme cellui qui se tient et veult demeurer sil vous plaist du nombre de voz très humbles seruiteurs. Je vous ay depuis six jours escript une lettre par la voye de la poste vous advertissant par icelle des preparatif de l'advitaillement du fort et d'ardre pour vous y trouver si le trouuez bon. Dont je ne vous ferait aultre recit sinon que ce propos se continue tousiours et croy qu'il se ex(e)cutera de brief.

Mgr je me recommande très humblement à vostre

bonne grace et prye Dieu vous donner très bonne et
longue vye. De Montreuil le vııı^e jour de febrier 1545.

Vostre très humble et très obéissant serviteur.

OUDARD DU BIES.

A Mgr Mgr le Cte d'Aubmale.

BIBL. NAT. *Clairambault* 339, f. 132-133, Original.

XXIII

Quittance.

1546 2 may

Nous Françoys de Montmorency, s^r de la Rochepot,
ch^r de l'ordre du Roy nostre s^r, et cap^{ne} de 50 lances
fournyes de ses ordonnances confessons avoir eu et
reçeu comptant de Me Nicolas de Troyes, con^{er} dudit s^r
et tresorier de ses guerres par les mains de Alain
Veau, esleu de Beauvais et payeur desdictes 50 lances
la somme de 500 liv. ts. à nous ordonnée par icellui
s^r pour nostre estat ancyen de cappitaine et creue
d'icelluy des quartiers de juillet aoust et septembre,
octobre novembre et decembre MV^cXLV derrain pas-
séz, qui est à raison de M liv. par an Oultre nostre
place et soulde d'hommes d'armes. De laquelle somme
de V^c l. nous nous tenons pour content et en quittons
lesdicts de Troye, trèsorier et Veau payeur... En tesmoing nous avons signé ceste présente de nostre main
et fait sceller du scel de nos armes le 2e may 1546.

FR. MONTMORANCY (1).

Sceau disparu.

BIBL. NAT. *Pièces orig.* 2031, p. 89.

(1) Frère d'Anne de Montmorency, connétable.

XXIV

Quittance.

1547 17 8bre

Nous françois de Sempy baron dordre commissaire extraordinaire de la guerre confessons auoir eu et receu comptant de Me Raoul Moreau conseiller du Roy et par luy commis à tenir le compte et faire le paiement des fraiz extraordinaires de ses guerres ès pays de Picardye et Champaigne La somme de quarante liures tournois A nous ordonnée pour nostre tauxation du present mois doctobre durant lequel nous auons seruy et vacqué a faire partye des monstres et reueues des gens de guerre a pied estans en garnison pour le seruice du Roy en ses pays de Picardie et Boullennois. De laquelle somme de XL l. t. Nous tenons content et bien payé et en quictons ledict Me Raoul moreau commis dessusdict et tous autres En tesmoing de ce nous auons signé la presente de nostre main Et icelle scellee du seel de noz armes le XVIIe jour dudit mois doctobre lan mil cinq cens quarante sept.

FRANCHOIS DE SEMPY.

(Original 1 f. in 4° obl, parch.—traces de sceau.)

Autre quittance du même du 18 9bre 1547 de la même somme.

(Original 1 f. in 4° obl. parch.)

BIBL. A. DE ROSNY.

XXV

1547 16 nov.

Accord faict au Conseil du Roy avec le cappitaine Pierre Salcedo de la *fourniture des pain et vin*
necessaires pour la nouriture des gens de guerre ordonnez par ledict sgr à la garde, tuition et deffense les
forts d'Oultreaue et chasteau de Hardelo, assavoir de
1,500 hommes de guerre pour ledit fort et de 300 autres
hommes de guerre pour ledit chasteau de Hardelo
pour 4 ans, commençans au jour de Noel prochain
venant et qui finiront audict jour de Noel l'an 1551.

Et oultre de garder entretenir, conserver et renouveller sans aucun decet ou diminucion durant lesdicts
quatre ans dedans lesdictes deux places de 250 muys
de bled froment, mesure de Paris, ou farines, 10 muys
de poix, dix muys de feves, vingt mil liures de lardz,
8,000 liv. de beurres, 10,000 liv. de fromaiges de
Flandres et Bethune par moictié, 3,000 liv, d'huille
d'olvye, 10,000 liv. de chandelle de suif, le tout poix
de marc à raison de xvi onces pour livre.

5,000 morues seiches des Terres Neufves, 20 muys
de sel mesure dudict Paris, 1,000 muys de vin, jaulge
dudit Paris ou d'Auxerrois, 15 muys de vinaigre et
10 muys de verjus,

Tous lesquelz vivres et municions seront pour et au
nom du Roy nostre dict sgr fourniz et livrez audict
capp^ne Salcedo des blez, vins et autres vivres qui sont
de present appartenans audict sr aux villes d'Amyens,
Abbeville, Sainct Walery sur Some, Monstreul sur la
mer et audict fort d'Oultreau, le tout bon, loyal et

marchant, et lesdits vins en vaisseaulx bien relliez, plains et oueillez (1).

Et premierement ledict capp^{ne} Pierre Salcedo fournira ausdicts gens de guerre ordonnez à la garde et deffence desdicts forts d'oultreau et chasteau de Hardelo durant les dicts 4 ans, commençans et finissans comme dessus le pain de blé froment du poix de 12 onces cuyt et rassis, et la pinte de vin, mesure de Paris, vin de bourgongne, auxerrois, anjou et guyenne assavoir pour le premier desdicts 4 ans commençant audict jour de Noel prochain le pain dudict poix pour 3 deniers tournois et ladite pinte de vin pour xii d. ts Et pour les 3 ans prochains ensuivans fera faire icelluy cap^{ne} Salcedo fourniture de pain et vin ausdicts gens de guerre ordonnez ès dictes deux places des poix et mesures dessus dits pour le pris qui sera advisé par le Roy ou messieurs de son conseil, eu esgard à la valleur et pris commun des blez et vins durant chascun d'iceulx 3 ans.

Et promect icelluy Salcedo entretenir, garder, conserver et renouveller sans aucun dechet ou diminucion durant lesdicts 4 ans dedans lesdicts fort d'Oultreau et chasteau de Hardelo, oultre les farines et vin nécessaires pour la nourriture quotidienne desdicts 1,800 hommes de guerre tous les vivres et municions cy dessus speciffiez et declairez, lesquels luy seront comme dict est fourniz et livrez pour le Roy n^e dit s^t des blez, vins et autres vivres appartenans audict s^r estans esdictes villes d'Amyens, Abbeville, St Wal-

---

(1) Oueille, ouaille, signifie ordinairement brebis, mouton ; ce mot a échappé aux lexicographes.

lery sur Somme, Monstreul sur la mer et audict fort, C'est asçavoir en icelluy fort d'Oultreau.

200 muids de blé en farines; 8 muys de poix, 8 muys de fefves, 15,000 liv. de lardz, 6,000 liv. de beurres, 8,000 liv. de fromaige de Flandres et Bethune par moictié, 10,000 livres d'huille d'olive, 8,000 liv. de chandelle de suif, le tout poix de marc, 4,000 morues seiches des Terres neufves, 20 muyz de sel mesure de Paris, 800 muys de vin, 12 muys de vinaigre et 8 muys de verjus.

Et audict chasteau d'Hardelot 50 muys de bled aussi farines, 2 muys de poix, 2 muys de fefves, 5,000 liv. de lardz, 2,000 liv. de beurres, 2,000 liv. d.eFromaiges de Flandres et de Bethune par moictyé, 1,000 liv. d'huille d'olive, 4,000 liv. de chandelle de suif, 1,000 morues seiches des Terres Neufves, 8 muys de sel, 200 muys de vin, 3 muys de vinaigre et 2 muys de verjus.

Et pour renouveller et refreschir lesdicts blez, vins et autres vivres appartenans au Roy est permis audict capp^ne Salcedo vendre par chacun desdicts 4 ans ausdicts fort et chasteau de Hardelo, ou ailleurs ou bon luy semblera assçavoir la tierce partie de tous iceulx vivres durant les moys de janvier, fevrier et mars, à la charge de tenir toute la monicion complecte et entiere depuis la my-avril jusques à la my septembre Et sera tenu representer et monstrer la totalité d'iceulx vivres en bon estat et valleur par chacun desdicts 4 ans à la my avril à tel personnaige quil plaira audict s^r commectre et depputer.

Sil survenoit guerre et lesdictes deux places fussent assiégiées ledict capp^ne Salcedo ne sera tenu

faire plus grande distribution de pain et vin aux gens
de guerre qui y seront enfermez pour la garde et deffense dicelles que pour la quantité des farines et vins
qui seront lors esdictes places à luy appartenans pour
ladicte fourniture quotidienne Et oultre desdicts
250 muys de blez en farines et 1,000 muiz de vin et
autres vivres appartenans au Roy estans en icelles Et
de ce qui proviendra de la vente desditcts blez, vins,
et autres vivres appartenans audict s^r, de tout ou
de partie ainsi venduz sera par icelluy Salcedo tenu
compte à icelluy seigneur selon le taux qui en sera
faict par le capp^{ne} d'icelluy fort.

Et a esté accordé à Icelluy Salcedo que audict fort
ne seront reçeus aucuns marchans volontaires pour y
véndre et distribuer vin durant les mois de janvier,
fevrier, mars et avril de chacun desdicts 4 ans, Mais
pour les 8 mois restans de chacun d'iceulx pourront
lesdits marchans volontaires y apporter et conduire et
exposer en vente toutes sortes de vivres franchement
et librement.

Sil advenoit que audictes places par fortune de feu,
non advenue par la faulte et coulpe des commis et
depputez dudict Salcedo à la garde et distribution
d'iceulx vivres appartenans au Roy Iceulx vivres feussent bruslez, gastez et consommez en tout ou partie
Ledict Salcedo demourra quicte et deschargé de tout
ou de la partie ainsi perdue.

Et se pour quelque occasion advenant pour le service dudict Sgr les farines et vins estans esdictes 2 places, appartenans à Icelluy Salcedo, destinez pour
ladite fourniture quotidienne desdis gens de guerre y
estans, leur estoient distribuez sans païement En ce

cas icelluy s^r sera tenu les payer audict Salcedo au pris qnils seroient par luy venduz.

A esté accordé audict Salcedo que tant pour le renouvellement desdits blez et vins appartenans au Roy que pour satisfaire à ladite fourniture quotidienne de pain et vin Il luy sera par chacun desdits 4 ans baillé permission et faculté de achepter et enlever 800 tonneaulx de bled froment, montans à raison de 9 sextiers, mesure dudit Paris, pour tonneau, 600 muys de bled dicte mesure et 1,000 tonneaulx de vin, montans à raison de 3 muys de vin, jaulge dessus dicte pour tonneau, 3,000 muys de vin Ascavoir des pays de Guyenne, 300 tonneaux de bled, 200 tonneaux de vin des pays de Bretaigne, 300 tonneaux de blé des pays d'anjou, 200 tonneaux de vin du pays d'orleans, 100 tonneaux de vin des pais de Normandie, 200 tonneaux de bled, Et des pays de Bourgongne, Auxerroys et Tonnerois 300 tonneaux de vin avec faculté et permission de faire le tout mener et conduire jusques ausdicts lieux du fort et Hardelo, et ès villes d'Estappes ou Monstreul sur la mer, francz quictes et exemptz de tous subsides, péaiges et passaiges deuz tant au roy que à autres personnes, villes et communaultez ayant droict par octroyz et concessions dudict Sg^r ; de tous lesquelz blés et vins que tirera desdicts pays Icelluy Salcedo Il sera par chacun an tenu rapports, certifflication souffisante de la descente d'iceulx en chacun desdicts lieux, Et à mesure quil en fera la traicte, les quantitez seront escriptes sur le doz des lettres de traicte à ce que l'on puisse clairement veoir ce quil en aura tiré.

Et quant aux autres especes de vuivres appartenans

au Roy, cy devant declairez. comme poix, febves, lardz, beurres, fromages, morues, huilles d'olive, sel et suif, lesquelz ledict Salcedo doit aussi conserver et renouveller Et iceulx rendre à la fin desditz 4 ans en bonne valleur et sans aucun dechet et diminution Icelluy Salcedo les pourra achepter et enlever par luy ou sesdicts facteurs et depputez par tous lieux et endroiz de ce royaume et hors icelluy ou bon luy semblera et Il verra estre plus à propoz, excepté en pays d'ennemys, et les fera pórter et conduire aus- dicts lieux, francz, quictes et exemptz comme dessus.

Et si par les receueurs, fermiers et autres depputez au recouurement desdicts droiz de portz, peaiges, travers et passaiges, estoit faict extorsion indeuc et mauuais traictement audict Salcedo ou a sesdicts facteurs et depputez Il luy sera baillé commission pour les faire appeler au priué conseil dudict seigneur pour en avoir la repparation.

Sera baillée commission à Icelluy Salcedo pour prendre et leuer en tous lieux de cedict royaume où besoing sera par luy ou sesdicts facteurs et depputez, bateaulx, navires, charrettes, chariotz, et chevaulz, en payant par luy ou sesdicts facteurs le noliage desdicts bateaux navires au pris acoustumé Et les chevaulx à raison de 5 s. ts pour chacun cheval par jour, Sinon par le taux qui en sera faict par les officiers ordinaires des lieux Royaulx ou autres en deffault desdits royaulx.

A aussy esté accordé que lesdits vivres appartenans au Roy, lesquelz Il conviendra ainsy renouveller soit par temps de paix et de guerre seront portez et con- duictz tant par eaux doulce et mer que par terre, aux

fortunes, adventures et pertes dicelluy Salcedo, sauf
que s'ils estoient en temps de guerre pillez et sac-
cagez par ennemys ledict seigneur sera tenu de la
perte d'iceulx vivres seullement.

Et oultre a esté accordé audict capp^ne Salcedo que
si par le Roy estoit ordonné estre envoyé pour son
service ausdictes places du fort et Hardelo des gens
de guerre excedans ledit nombre de 1,800 hommes de
guerre ou autres personnes, maçons, charpentiers,
pionniers et autres ouuriers necessaires pour la fortiffication et emparement d'icelles et que lesdicts 800 tonneaux de blé et mille tonneaux de vin ne fussent souf-
fisans pour les nourir et alimenter durant chacun
desdits 4 ans et faire le renouvellement desdits blez et
vins appartenans audict s^r En ce cas Il sera baillé à
Icelluy Salcèdo nouvelle permission de tirer telle autre
quantité de blez et vins qu'il sera advisé par icelluy
s^r ou Messieurs de son conseil avec semblable excep-
tion et à pareille condicion.

Et moyennant les choses dessus dites le Roy N^e dict
s^r a accordé et promis audit cap^ne Salcedo luy faire
payer par chacun desdicts 4 ans tant pour le fourniture quotidienne des pain et vin necessaires ausdits
1,800 hommes de guerre ordonnez pour la garde
desdits fort et chasteau de Hardelo que pour le renouvellement et refreschissement desdits vivres cy dessus
speciffiez et declairez la somme de 700 escuz soleil
vallant à raison de xlv s. piece 1,575 liv. tournois.

Faict au conseil privé du Roy tenu à Fontainebleau,
le xvie jour de novembre 1547.

Bochetel.

Bibl. Nat. *Fr.* 18,153. f°s 17 v° — 20.

XXVI

1548 18 janvier

ACCORD FAICT au Conseil du Roy *avecques le cappne Pierre de Salzedo* de la fourniture du pain et vin neces-saire pour la fourniture de 4 cens hommes de guerre ordonnez par ledict sʳ à la garde, tuition, et deffense du fort de Mont de Chastillon pour 3 ans commen-çans au jour de Noel dernier passé et qui finiront audict jour de Noel l'an 1551.

Faict et arresté au conseil priué tenu à Sᵗ-Germain en laïe le 18ᵉ jour de janvier 1548.

(Acte à peu près pareil à celui ci-dessus, 3 f. in fol. *Ibidem*, fᵒ 55-57).

XXVII

1548 26 fév.

Lettre de Henry II à Mʳ de la Rochepot

Mon cousin, par vostre lettre et celles que m'avez envoyées des de Langey (1) et de Blerancourt, j'ay sçeu l'honneste entreprise des Anglois sur Adin-gant (2) et Goursin (3), dont aussy le sʳ de Langey m'a adverty, et pour ce que je veux la revanche en estre promptement prise, je leur escript y mettre la main incontinent, en quelque lieu et occasion à propos

(1) Le sʳ de Langey, Martin du Bellay.
(2) Hardinghen.
(3) Boursin : Voir *Odet de Selve* p. 88.

ainsy que vous le verrez par le double de ma lettre audict s^r de Langey que je vous envoye, vous priant oultre le contenu d'icelle l'advertir encores de ce qui vous semblera estre à faire pour le mieulx et comme il aura à sy gouverner de manière que cela ne demeure pour impuny... Escrit à Villiers cul de sac le 25e fév. 1548.

HENRY.

BIBL. NAT. *Fr. Nouv. Ac^{on}* 7702 p. 14.

XXVIII

1549 12 juillet.

M. de Chastillon à M. de la Rochepot

M^r, je ne vous feray pour ceste heure longue lettre, car il y a si peu que je suis arrivé par deça qu'il ne s'y est présenté grant chose... Les s^{rs} de Langey, Rabondanges et moy sommes allez aujourd'huy au mont St-Estienne pour veoir le logeys des lansquenetz, lequel ils ont esté d'advis que l'on doit racoursir et fortifier le hault de la montaigne, car advenant que lesdits lansquenetz feussent tirés dudit mont St-Etienne il auroit dangier avec ce grand circuyt que y est que les Angloys ne feissent quelque effort ainssy quil seroyt de grande garde... vostre humble et obéissant nepveu.

12 juillet 1549.   CHASTILLON.

BIBL. NAT. *Fr. Nouv, Ac^{on}* 7702 p. 52.

XXIX

1549, 15 août.

𝕷𝕰𝕿𝕿𝕽𝕰𝕾 𝓜𝓘𝓢𝓢𝓘𝓥𝓔𝓢 du 𝕽𝖔𝖞 nostre sire / 𝖍𝖊𝖓𝖗𝖞 𝖉𝖊𝖚𝖗𝖎𝖊𝖘𝖒𝖊 𝖉𝖊 𝖈𝖊 nom/𝖊𝖓𝖎𝖔𝖎𝖌𝖓𝖆𝖓𝖙 à 𝖙𝖔𝖚𝖘 𝖌𝖊𝖓𝖙𝖎𝖑𝖟 𝖍𝖔𝖒𝖒𝖊𝖘 𝖉𝖔𝖒𝖊𝖘𝖙𝖎𝖖𝖚𝖊𝖘 𝖉𝖊 son 𝖍𝖔𝖘𝖙𝖊𝖑 𝖊𝖙 𝖆𝖚𝖝 𝖉𝖊𝖚𝖝 cens 𝖌𝖊𝖓𝖙𝖎𝖑𝖟 𝖍𝖔𝖒𝖒𝖊𝖘 𝖊𝖙 𝖆𝖗𝖈𝖍𝖎𝖊𝖗𝖘 𝖉𝖊 sa 𝖌𝖆𝖗𝖉𝖊 / 𝖉𝖆𝖈𝖈𝖔𝖒𝖕𝖆𝖎𝖌𝖓𝖊𝖗 𝖑𝖊𝖉𝖎𝖈𝖙 seigneur au camp 𝖉𝖊 𝕭𝖔𝖚𝖑𝖔𝖓𝖌𝖓𝖊, 𝖉𝖊𝖉𝖆𝖓𝖘 le premier 𝖎𝖔𝖚𝖗 𝖉𝖊 septembre.

𝕬𝖁𝕰𝕮 𝕻𝕽𝕴𝖁𝕴𝕷𝕰𝕲𝕰

𝕺n les 𝖛𝖊𝖓𝖉 a 𝕻aris 𝖊𝖓 la rue 𝖉𝖊 la 𝕴𝖚𝖗𝖎𝖊 a limage sainct 𝕻ierre 𝖊𝖙 sainct 𝕴aques : 𝕰t a la premiere porte du 𝕻𝖆𝖑𝖆𝖞𝖘 𝖕(ar) la 𝖛𝖊𝖚𝖋𝖛𝖊 𝕴acques 𝕹𝖞𝖛𝖊𝖗𝖉 / imprimeur 𝖊𝖙 libraire 𝖉𝖊 𝕻aris.

𝓜. 𝕯. 𝖃𝕷𝕴𝖃

𝕴l 𝖊𝖘𝖙 permis a 𝕴aqueline 𝕲ault / 𝖛𝖊𝖚𝖋𝖛𝖊 𝖉𝖊 𝕴acques 𝕹𝖞𝖛𝖊𝖗𝖉 / 𝖊𝖓 son 𝖛𝖎𝖛𝖆𝖓𝖙 libraire a 𝕻aris / 𝖉𝖊 imprimer ou faire imprimer les lettres missives 𝖊𝖓𝖛𝖔𝖞𝖊𝖊𝖘 par le 𝕽𝖔𝖞 nostre sire : par lesquelles il 𝖛𝖊𝖚𝖑𝖙 𝖊𝖙 commande a 𝖙𝖔𝖚𝖘 𝖌𝖊𝖓𝖙𝖎𝖑𝖟 𝖍𝖔𝖒𝖒𝖊𝖘 𝖉𝖔𝖒𝖊𝖘𝖙𝖎𝖖𝖚𝖊𝖘 𝖉𝖊 son 𝖍𝖔𝖘𝖙𝖊𝖑/𝖊𝖙 𝖆𝖚𝖝 𝖉𝖊𝖚𝖝 cens 𝖌𝖊𝖓𝖙𝖎𝖑𝖟 𝖍𝖔𝖒𝖒𝖊𝖘 𝖊𝖙 𝖆𝖗𝖈𝖍𝖎𝖊𝖗𝖘 𝖉𝖊 sa 𝖌𝖆𝖗𝖉𝖊 / 𝖉𝖊 𝖊𝖚𝖑𝖝 𝖙𝖗𝖔𝖚𝖛𝖊𝖗 𝖉𝖊𝖉𝖆𝖓𝖘 le premier jour 𝖉𝖊 septembre prochain au camp 𝖉𝖊 𝕭oulogne / pour 𝖑𝖆𝖈𝖈𝖔𝖒𝖕𝖆𝖎𝖌𝖓𝖊𝖗 𝖊𝖙 servir ainsi quil 𝖆𝖕𝖕𝖆𝖗𝖙𝖎𝖊𝖓𝖙. 𝕰t 𝖊𝖘𝖙 𝖉𝖊𝖋𝖋𝖊𝖓𝖉𝖚 a 𝖙𝖔𝖚𝖘 libraires 𝖊𝖙 imprimeurs 𝖉𝖊 ne 𝖛𝖊𝖓𝖉𝖗𝖊 𝖊𝖙 imprimer d'𝖆𝖚𝖑𝖙𝖗𝖊 que 𝖉𝖊 𝖈𝖊𝖚𝖑𝖝 qui 𝖘𝖊𝖗𝖔𝖓𝖙 imprimées par 𝖑𝖆𝖉𝖎𝖈𝖙𝖊 𝖛𝖊𝖚𝖋𝖛𝖊 / 𝖏𝖚𝖘𝖖𝖚𝖊𝖘 a six 𝖒𝖔𝖞𝖘 𝖋𝖎𝖓𝖎𝖟 𝖊𝖙 𝖆𝖈𝖈𝖔𝖒𝖕𝖑𝖎𝖟/sur peine 𝖉𝖊 confiscation 𝖉𝖊𝖘𝖉𝖎𝖈𝖙𝖊𝖘 lettres 𝖊𝖙 𝖉𝖆𝖒𝖊𝖓𝖉𝖊 arbitraire.

𝕬insi signé : 𝕴. 𝕾𝕰𝕲𝕌𝕴𝕰𝕽.

DE PAR LE ROY

Nostre ayme et feal. Encores que chascun scait que les Anglogs nous detiennent et occupent iniustement nostre ville de Boulongne et partie du pays de Boulonnoys. Si est ce que pour estre inveterez ennemys de nous et de nostre couronne / ilz ne se sont contentez du tort quil nous tiennent en cest endroict : Mais continuent iournellement a travailler et molester et faire entreprinse sur nous et noz subgectz : Ce que n'avons sceu comporter davantage. Et a nostre tres grant regret avons esté contrainctz assembler forces pour leur courir sus : avec lesquelles nous marchons presentemeut pour les exploicter en personne au dommage desdictz Anglogs. Et pour ce quil est bien raisonnable allant en telz affaires / que soyons accompaignez des gentilz hommes domestiques de nostre maison / des deux cens gentilz hommes de nostre hostel / et archiers de nostre garde. A ceste cause nous voulons et vous mandons que incontinent la presente receue / vous aiez a faire publier par tous les lieux et endroicts de vostre iurisdiction accoustumez a faire criz et publications : Que tous les dessusdicts gentils hommes et archiers ayent a eulx trouver montez / armez / et en estat de nous faire service dedans le premier iour de septembre prochain / en nostre camp / et armée au pays de Boulonnoys / pour la nous accompaigner et faire le debvoir quil appartient. Donné a Abbeville le quinziesme jour Daoust mil cinq cens quarante et neuf. Ainsi signé : HENRY.

Et plus bas :   DE LAUBESPINE.

Et sur la suscription estoit estript : A nostre ame et feal le prevost de Paris / ou a son lieutenant.

LEU et PUBLIE à son de Trompe et cry public / de par le Prevost de Paris ou son lieutenant / par les carrefours de ladicte ville / le dix neufiesme iour Daoust mil cinq cens quarante et neuf.

(Marque de Jaques Nyverd avec sa devise :
Soli Deo honor et gloria.

(4 f. petit in-8°. — Bibl. A. de Rosny.)

XXX

1549 18 aoust.

Depesche du Roy

Escripte à Monstreul le 18e d'aoust 1549 portée par Mr de Pot, sr de de Chemault...

Instruction dudict sr de Chemault... A son arrivée par delà, parlera au sᵃ de Marillac... et lors luy commencera à dire que encores que dès son advenement à ceste Couronne, Il ayt faict entendre au Roy d'Angleterre, au protecteur, et à son conseil que comme prince de paix et observateur de ce que le feu Roy son père, de bonne mémoire, avoit fait, accordé et promis de son vivant, Il desiroit entretenir le traité de paix passé entre leurs pères et vivre en amitié et paisible voisinance, comme Il appartient à princes amys et voisins, moyennant que de leur part ils feissent le semblable, ainsi quils luy promeirent faire. Néantmoins depuis ce temps là et soubz ce manteau de paix, au lieu d'observer ledict traitté ils ont fait nouvelles fortifications sur les terres qu'ils occupent ou Boullenois, estendu leurs limites ainsi que bon leur a semblé, tenté et praticqué de surprendre et desrober ses villes et places fortes, couru, bruslé, pillé et sacaigé ses sujets et leurs terres et maisons, mené artillerie et prins par force quelques petits chasteaux et forts estans sur la frontière Et par mer prins et depredé tout autant de vaisseaux appartenants à luy et à ses dits subjets qu'ils en ont peu rencontrer, sans pardonner à ung seul ; — jecté en mer les mariniers et emmené prisonniers qu'ils ont faict mourir en grant nombre dedans les fosses et prisons d'An-

5

gleterre en la plus grande et pitoyable cruaulté que l'on sçauroit penser, dont quelque remonstrance amyable quil en ayt fait faire, tant par son ambassadeur que par gentilshommes exprès quil a à diverses foys envoyez sur les lieux, il n'a jamais peu avoir raison, chose qu'il a dissimulée et tollerée jusques à present, espérant que Dieu et la raison leur ouvriroyent les yeulx et recognoistroient le tort qu'ils faisoient à un si sincère amy que leur a tousjours esté le Roy. A la fin finale, voyant qu'ils persevéroient de faire mal en pis Il a esté constraint de recourir à la puissance que Dieu luy a mise entre les mains, esmeu des plaintes de ses pouures subjects et aussy de son honneur, forcé avecques très grant regret de mettre quelques forces suz pour se ressentir desdictes injures et chercher par la voye des armes, la réparation de tant d'oultraiges et de recouvrer ce que injustement Ils luy occupent, pour lequel effect il a dressé ceste entre-prinse, où il s'est bien voullu trouver en personne, d'autant quil estoit prochain (1) de cette frontiere, se sentant jeune, sain et bien disposé pour avoir sa part de ce quy s'y fera, dont il l'a bien voullu advertir comme son bon amy, ne voullant riens faire en telles choses, sans l'en faire participant afin que luy, qui est prince clerc-voyant, puisse juger comme la raison est de son costé et que pour sa grandeur et réputation qu'il a plus chere que sa propre vie il n'a peu faire de moins, le pryant très affectueusement de sa part pour

---

(1) Le 30 juillet le roy Henri II estoit à Villers Cotterets, le 30 aout à Compiègne, à Pont de Remy le 15 aoust, à Mons-treul le 18, à Ambleteux le 27.

le debvoir de leur dite amitié le vouloir favorir et conforter en sa si juste querelle.

Pour monstrer et faire cognoistre à l'Empereur comme le tort est du costé des Anglois, il luy dira que quant le Roÿ a eu longuement attendu raison des torts quils luy tenoient et après l'avoir mené de belles parolles le protecteur d'Angleterre lui a fait entendre quil ne falloit point quil s'attendist jamais d'auoir paix ne amitié avecques le roy d'Anglettre, son Mᵉ S'il ne habandonnoit les Ecossois et luy rendist la Royne d'Escosse...

fᵒˢ 184-185.

Daprès le traité de paix entre l'Empereur et le roy d'Angleterre il était spéciffié que « si le Roy (de France) faisoit entreprise contre les Anglois où il y eust plus de huict mille hommes sur la frontiere et que de ce nombre il y en entra deux mille seulement sur le pays de la vieille conqueste (le Calaisis) qu'en ce cas l'Empereur estoit tenu de se declarer pour les Anglois et leur donner quelque ayde », laquelle ayde n'a été autrement speciffiée... fol. 186.

Bibl. Nat. *Clairambault*, 343.

XXX

1549 24 aoust

Le Cardinal de Guise à Messieurs du Conseil privé,
sur ce qui s'est passé au camp du Roy pour le recouurement de Boulogne (Original).

Messieurs j'estime que depuis le partement du Roy pour venir en son Camp, vous aurez sçeu, au iour la iournée, le progrès de son voyage, et comme après avoir pris l'opinion de ses Capitaines, il se résolut de

venir assieger Ambleteux, où il arriva jeudy, et dès le
soir, après avoir luy mesme veu la place, et bien fait
reconnoistre par ceux de qui il a plus de confiance, il
trouva qu'elle estoit composée de 4 forts bien flanquez
et pourveus, ainsi que l'on voit par les coups qui s'en
tirent, de bon nombre d'artillerie, et entre lesquels il
y en avoit un nommé Sellaque, distant des autres
environ 400 pas, dans lequel y avoit 4 à 500 hommes
de guerre, lesquels ont fait grand devoir de se défendre,
qu'il delibera selon la raison de la guerre d'attaquer
le premier : et de fait y fit faire telle diligence, que dès
hier les tranchées furent si advancées, que ce matin
au point du jour la plus grande partie de son artillerie
a esté en batterie : et après la première volée tirée,
ceux de dedans voyans la hardiesse des nostres, et
comme on les menoit chaudement, ont esté estonnez :
de sorte qu'ils ont demandé à parler, et sont pour cest
effet sorti les 2 capitaines qui ont esté amenez à M^r le
Connestable, lequel estoit prest à ouïr Messe, et pour
leur composition, ont demandé qu'ils peussent sortir
la vie, bagues et armes sauves : et emmener leur
artillerie : à quoy il a répondu après avoir sçeu d'eux
qu'ils estoient 500 dans lad. place qu'il falloit bien
parler d'autre langage et se délibérassent de se mettre
à la misericorde du Roy, et d'y prendre prompte résolution : surquoy se trouvant en grande peine, ils demeurèrent quelque temps en suspens, feignans s'en
vouloir retourner dans la place. Cependant ledit s^r
Connestable s'est mis à oüir la Messe, ce que mépri-
sant lesdits capitaines et voyant qu'ils s'en moquoient,
il les contraignit de se mettre à genoux et d'y assister
jusqu'à la fin, puis leur demanda ce qu'ils auoient

deliberé de faire : car il ne pouvoit plus tenir nos
gens, qui estoient sur le bord du fossé, disputant
avec les Anglois qui estoient dans la place, s'ils se tire-
roient les uns aux autres ; et en ces entrefaites, sur
l'irrésolution desdits cappitaines, s'ils accepteroient
ce party ou non, nos gens surprirent lesdits Anglois ;
de manière qu'ils entrerent dedans ladite place de telle
fureur, qu'ils en ont taillé en pièces deux à trois cens,
et le surplus pris prisonniers, ne s'estant sauué que
lesdits deux capitaines, lesquels pour estre venus sur
leur foy, l'on renvoya sains et sauues. Il a esté trouvé
dans ledit fort quantité de vivres et munitions,
22 pièces d'artilleries et entre autres deux grosses, que
nos gens ont affutées et tirées contre les deffences de
leurs autres forts, ce que voyant les autres Anglois
qui sont dans lesdits forts, et craignans que nous ne
gagnassions une grande cassine pleine de foins et
vivres, qui estoit contre leur ville basse, du costé du
port, ils sortirent pour y mettre le feu : ce qu'ils firent
si bien, que le vent s'estant levé, qui chassoit le feu
dedans la ville basse, il s'y est mis si fort qu'elle s'est
toute brûlée, et sous cette faveur nos gens sont entrés
dans lad. ville, où ils ont trouvé une infinité de vaches,
chevaux, pourceaux et autre bestail et de cette heure
nostre artillerie commence à battre les défenses des
autres forts, que l'on approchera ceste nuit de si près,
que j'espère que Dieu fera la grace au Roy de n'en
avoir pas moindre raison : car à ce que nous voyons,
ils sont estonnez. Nous avons eu nouüelles que les
galères du Roy seront demain icy devant, et desia les
deux frégates du prieur de Capoue sont venues
jusques au Portel, où ils trouverent hier sortant de

Boulogne deux navires Flamans pour seureté de beaucoup de personnages de qualité, femmes et riches choses qu'ils retiroient de Boulogne, vallant pour le moins dix mille escus, lesquelles ils prirent, et les ont audit Portel ; aussi sont arriués en ceste coste, auprès de nostre camp, trois vaisseaux chargés de vivres, que Salcede y a ennuoyez, et se trouuera ce chemin si facile que notre camp en sera grandement secouru : joint que tenant la basse ville dudit Ambleteuil, comme nous le faisons, ils pouront sans danger venir tout droit au port. Voilà des nouvelles de nostre guerre, Messieurs, que le Roy, qui est luy mesme sur le lieu, où il n'espargne point sa peine, m'a commandé vous escrire pour vous faire part de ses bonnes nouvelles, et de l'heureux commencement qu'il plaist à Dieu donner à son entreprise. Ce que j'ay bien voulu faire incontinent pour vous faire participant du plaisir *que* je suis seur, *que* vous en recevrez, espérant que bien tost vous en aurez encore de meilleures s'il plaist à Dieu nous continuer le beau temps que nous avons ; car pour la vaillance et bonne volonté de cette armée, on ne la sçauroit, depuis les grands jusques aux petits, demander meilleure.

Messieurs, il me semble que nous ne devons pas douter qu'en cette entreprise nous n'ayons Dieu pour nous : car tout en un jour il nous a favorisé de quatre Elemens, en l'eau le butin fait par les frégates, en la terre accroissement de deux places, en l'air le plus beau temps qu'on eut pû désirer, au feu dont euxmesmes se sont, eux et leurs vivres, bruslez en la basse ville, donnant outre ce, si bonne santé au Roy et à son armée si grande affection de le servir, que mettant cette bonne volonté en exécution il n'est mort un seul homme de qualité, encores que tant de coups de canon soient ordinairement tirez, qu'il me semble que cela, avec tant d'autres biens, est digne d'action de graces à Nostre Seigneur, et que vous ordonniez que prières soient bien continuées au lieu où vous estes, pour l'heureux succès de ceste entreprise : s'il vous plaisoit ordonner que Mr de Soissons vint icy, pour plus amplement en entendre des nouvelles, je m'offre de le loger, et luy faire voir les ennemis de plus près que l'Empereur n'est d'Amiens. Au camp devant Ambleteul ce 24 d'aoust.

Vostre bon frere et amy.

I. CARD. DE GUISE.

Lettres et mémoires d'Estat servant à l'histoire de Henry II par Guillaume Ribier t. II, pp. 241-243.

XXXI

Lettre du s^r de Marillac (ambassadeur de France auprès de l'empereur) à M. le Connestable

1549 24 aoust.

Monseigneur, Monsr de Chemault, porteur de la présente, arriva en ceste court bien à propos pour reffuter les mensonges que les Anglois avoient déjà semés, ayant publié partout qu'en une grosse escarmouche qui avoit esté faite devant Boullongne, Messrs le prince de la Roche sur Yon et de Chastillon avoient esté tués, le premier d'ung coup de main et l'autre d'artillerie qui luy avoit emporté une cuisse, avec plusieurs autres qui leur assistoient, de sorte que

de ce beau commencement tout le monde parloit en
faveur des Anglois, et ne pouvoit gaigner ce point de
leur persuader le contraire jusques à ce qu'on leur en
rendist vray tesmoignage, que maintenant l'on se
mocque de ceulx qui avoient divulgué ceste mensonge.
Au fort je présuppose bien que cy après on me bail-
lera tous les jours de telles venues, car il y a icy des
gens qui ne font aultre mestier s'il ne vous plaist,
Monseigneur, tenir la main à ce que selon le succez
des affaires il me soit escript quelque petit mot à la
vérité comme les choses auront passé.

BIBL. NAT. *Clairambault* 343, f° 192.

XXXII

Revue à Ambleteuse en 1549

1549, 26 aoust.

ROOLLE DE LA MONSTRE ET REUEUE, FAICTE AU CAMP
DEUANT LA VILLE DAMBLETHEUL, Le vingtsixiesme jour
daoust, Lan mil cinq cens quarante neuf, de quatre-
vingts dix sept hommes darmes et sept vingts
six (146) archers du nombre de cent lances fournies
des ordonnances du Roy nostre Sire, Estans soubz la
charge et conduicte de Monseigneur le duc daumalle
leur cappitaine particullier, sa personne y comprinse;
desquelles cent lances en y a quarante dont en son
vivant auoit la charge le feu Baron daguerres (1), or-

(1) Honoré, *alias* Jean d'Aguerre, chevalier, baron de
Vienne-le-Châtel, sr d'Elize, mari de Jaquette de Lenoncourt:
dont une fille Jeanne, mariée le 15 may 1539 à Nicolas sr de
Brichanteau et de Beauvais..... qui après la mort de son père
partagea sa succession avec ses frères et sœurs et leur mère le
21 octobre 1549 (*P. Anselme*, passim).

donnees et baillees de creue (1) a mondit sieur le duc
daumalle pour parfaire sa compaignie, qui estoit de
soixante lances, jusques au nombre de cent : Par
nous Anthoine de Villemontez, cheualier, sieur dudict lieu, commissaire ordinaire des guerres commis
et ordonné a faire ladite monstre et Reueue, suiuant
laquelle paiement a esté faict ausdits hommes darmes
et archers de leurs gaiges et soulde du quartier doctobre, nouembre et decembre mil cinq cens quarante
huict dernier passé Par Claude Langloys païeur de
ladite compaignie. Pour seruir à lacquict de M⁰ Jacques
Veau conseiller du Roy nostre dit sieur et tresorier
ordinaire de ses guerres ; desquelz hommes darmes
et archers les noms et surnoms sensuiuent :

Et premierement : HOMMES DARMES APPOINCTEZ.

Monseigneur le duc daumalle, cappitaine.

Artus de Cossé, lieutenant.

Anne de Vauldray, Enseigne.

Jehan de Crequy, Guydon.

Adrien de Linfernat, mareschal des logis.

HOMMES DARMES A LA GRANT PAYE

Gaucher de foicy.	Jacques Dorge.
francoys de Villars.	Claude de Digoyne.
Jehan de Chahanay.	Martin du boys.
René de Sommieure.	Cristofle de Lespine.
Nicolas de Braban.	Jehan despaigne dit lissac.
René de portesson.	Guillaume de langiberna.
Esme de madet.	Jehan du chasteau.
Loys de Gorron.	Jehan de Lizenay.

(1) Recrue ou augmentation.

honnorat de Rocque feulle. Jehan de menre dict dauge.
Jehan de Lizenay le jeune. Nicolas dambly.
Raoullin de Chaudebergue. Charles de Lamodoye.
Estienne de Mousserons, henry danglars.
  pour II mois XXIII jours.

AUTRES HOMMES DARMES A LA PETITE PAYE

Symon de la Rochette.
Jehan de chasteau Villain.
Thomas daranto
Prodemaigne.
Val de Venise.
Symon de Grantmont.
Thomas de ferrare.
Panthaleon de Gydome.
Anthoine de Choseul.
Jehan maigne.
Jehan de Champremy.
francoys de piedefer.
Claude de Rauignan.
Phelippes de Rauinel.
Loys le Roux.
Phelippes de Precias.
Jehan destiuaulx.
Noel absolut.
James dardeuel.
Loys de Lussy.
Bernard de Vaussay.
Cristofle de Saussures.
Loys de Rogemont.
françoys de Vaussay.
Anthoine de Sommyeure

Jehan Guillot.
Verziac de marziac.
Nicolas de la Chesnye.
françoys desparsac.
Gilbert de St Sulpice.
Gaston de pommelye.
Le marquis de la torrette.
Jehan de Lahitte.
Anthoine de la torrette.
Brangon de Bessigne.
Jehan de la chaize.
Ponthus du Beul.
Anthoine de Gruffy.
Jacques Le Liege.
Charles des Costes, lieu-
  tenant de la compaignie
  du feu baron daguerres.
Jehan de Roussy, enseigne.
Rolland dauennes, Guydon
  de ladite compaignie.
henry delanault.
ferry de la boue, demye
  place.
Gilles de preuille.
Loys aubertin.

hector de Baieulx.
Tristam de Sempré.
Nicolas de Bertheul.

Claude des Androyns.
Alexandre Lorin.

AUTRES ARCHERS A LA PETITE PAYE

françoys dorge, et
francoys du molin.
Nicolas Perigort.
françoys de Lespinasse.
françoys de Nogent.
Augustin criebart.
Gaspard de caujon.
Gaspard de Sainct Seuerin.
Jehan le Roy.
Jacques Beau.
Nicolas de Launay.
Jhean daigremont.
Guillaume de Lisle dict
   pouderat.
Gilbert de Bar.
Charles de Roulat.
Jehan Goulam.
Jehan de Rassal.
Esme de Vaubey.
Lancellot de la Vallée.
Jacques de chiuré
Jehan de Sainct Berthemin.
françoys de Marsillac.
Mace delamotte.
Gaston daiac.
Sigismont de Crussac.
Loys de madeul et
Loys Le Robert.

Simon de loquart.
Jacques de champaigne.
Jacques de Lister.
Guyon chastaigner, demye
   place.
Joachim de la prime.
Raoul de la faulconniere.
Pierre du mesnil.
Claude de marne, pour VI
   jours.
Jehan de Bachincort, pour
   le reste.
Claude de Bussy.
francoys Bigot.
Ogier daruillure.
Jehan des pagnye (ou
   paquye).
Esloy de la grunasse.
Geoffroy de tannoys.
Thomas de francqueulles.
Etienne des cucurs pour
   VI jours.
Micolas de Bonneual et
Thierry du luctre pour
   deux tiers du reste.
Le bastard de la fontaine·
Jehan de Villiers, demye
   place.

henry des bans.

Nicolas de Guillemyn.

françois de St Vincent mareschal des logis d'icelle.

Martin de Ste Marye.

Ledict mousserons pour
VI jours.

Charles hanon pour le reste.

Estienne du mesnil.

pernault de La hatte.

Jehan Jouuences.

Robert Boutillart.

Charles de Chaumigny.

Jacques dumaré.

disdier Couche.

Robert b(astard) de Panan.

Robert descauenelle.

ferry de Villiers.

Jehan de Ludde.

Gilles de mylly.

françoys de Vautripont.

pierre de Ballames.

Joachim de Bernonuillier.

Jehan du fou.

Alexandre de Tholouze.

Guillaume de fauerolles.

Josse dhardoys.

Philippes de norroy.

Estienne de Champigny.

Jehan de Sericourt, dict
Villiers.

Thomy denisot.

ARCHERS A LA GRANT PAYE

Michel de Pautanges.

Jeoffroy de Lantaiges.

Loys de Gorza.

Denisot le Picard.

Jehan Jacquemyn.

Alexandre soldard.

Thomas de mont.

David des champs.

Baptiste de touanges.

Anthoine du Vergier.

René de Sainct pars.

Claude Guilleman.

Jehan du moustier dict
cappy.

Adrien dambremont.

Jehan de Blonde fontaine.

René de Launay.

Charles de la Vieuille.

Jehan de Sainct Clair.

Anthoine Dorbigny.

Jehan Lhire, trompette.

Pierre de la Rocque.

Pierre Aubert, cirurgien.

Pierre de Launay.

henry de Vaurre.

Pierre marye.

Loys bergeret.

Claude de la chappelle

Anthoine de Mante.

Pierre Robert.

Pierre de Montguerrot.

Pierre Currat.

Disdier de Brunet.

. Phillibert de Chardonnay.

Jehan de chahault.

Jehan de Riuery.

René du chesne.

Pierre de Richet.

Jehan de Linfernat.

Jehan de Beauchamp.

Le Bastard de Closeau.

Pierre Arnoul.

Jehan desparsac.

Raymond de Marcourel.

Loys de grant Soy.

Loys de Vergerat.

Philippes delhort.

Bertrand de piedmont.

Laurens de Penison.

Charles du Bourget et

Bertrand de Thurin.

Jehan de nauclair.

Loys Sancery.

Jehan daubigny.

Raymond de marsac et

Jacques desparsac.

Gabriel de Sainct Martin.

Jehan de Royaulx dict la Motte.

Jacques de la Vaulpot.

francoys de Bollmare.

francoys de chasteau Guyon, dict le jeune.

Phillippes de Boussigue.

Gabriel de Gouzolles.

Jehan de Vuillermont.

Thierry Lazare, II mois XXIIII jours.

Aubry froissart.

Jehan dandre et Abraham dandre.

Cristofle dauault.

Robert pommier.

Jehan de Boulengier.

Jehan de menuceau.

Nicolas maillard.

Gobert cheuance.

Jehan de Villiers.

Jacques de Vautripont.

Nicolas de mussement.

Poucellet Camyn.

Nicolas de myreuille.

Blaise Le Bruin.

Bertrand daguerre.

Jehan de Salnoue.

Nicolas de la Grange.

Pierre de Cappy de Blandin.

Jacques dehlenduys.

Jehan darthuyse.

Robert darthuise.

pierre de marnay.

Pierre le basque. · Claude Richard.

Collinet de montfaulcon. Ogier de Soyssons et

Pierre de Calnaere (?) Jozeas du lyon.

Claude de Vigneux. Philippes de Gorgeas.

Noel Brahier dict Lanoue.

Nombre total quatre vingts dix sept hommes d'armes Et sept vingts six Archers.

Nous Anthoine de Villemontes, cheualier, seigneur dudit lieu, commissaire ordinaire des guerres dessus nommé Certiffions a nos sieurs les gens des comptes du Roy nostre sire A paris et autres quil appartiendra, auoir veu et visité par forme de monstre et Reueue Tous les dessusdits Quatre vingts dix sept hommes darmes et sept vingts six archers du nombre de cent lances fournies des ordonnances du dit sieur Estant soubz la charge et conduicte de Monseigneur le duc daumalle leur cappitaine, sa personne y comprinse, Comprins aussi les quarante lances dont en son viuant auoit la charge et conduicte le feu baron daguerres, ordonnees et bailliees de creue a mon dit sieur le duc daumalle pour parfaire ladite compaignie du nombre de cent lances Ainsi quil est dict cy dessus; Duquel nombre en y a vingt quatre hommes darmes et quatre vingts dix huict archers a la grant paye qui est de vingt liures tournois pour chacun homme darme et dix liures tournois pour chacun archer par moys, Et le reste desdits hommes darmes et archers a la petite paye qui est de quinze liures tournois pour chacun homme darme Et de sept liures dix solz tournois pour chacun archer aussi par mois. Lesquelz hommes darmes et archers Nous auons trouvé en bon

et suffisant estat, equippaige et habillement de guerre
Pour seruir le Roy nostre dit sieur ou faict dicelle, Et
partout ailleurs ou Il luy plaira les employer, Cappables
d'auoir, prendre et Receuoir les gaiges et soulde a
eulx ordonnez par Icelluy sieur Pour le quartier doctobre, nouembre et decembre mil cinq cens quarante
huict dernier passé. En tesmoing de ce nous auons
signé ce present Roolle de nostre main et faict sceller
du scel de noz armes les jour et an que dessus.

VYLLEMONTES (1).

1 f. g^d in-plano parchemin.

(Archiv. A. de Rosny).

XXXIII

Depesche du Roy (Henry II) à Mons. de Marillac.

1549 27 aoust.

D'Ambleteux le xxvii d'aoust 1549.

Mons. Marillac. Je vous promets que vous m'avez
si avant satisfait (à me donner des nouvelles) que j'ay
grande occasion d'en demourer content vous pryant
continuer à avoir l'œil à ce qui viendra de dela (d'Al-
lemagne) pour lesdits Anglois et comme leurs affaires
passeront de ce costé là : Cependant je vous veuil
bien advertir quelles ne se sont guères bien portées de

---

(1) Sceau-empreinte très bien conservé : 0^m,34 de diamètre
coupé au *1 d'or au lion naissant de sable, au 2 losangé a'ar-*
gent et d'azur ?
Les armes des Villemontée, d'après Lowan Géliot, sont :
coupé dentelé d'or et d'azur, au lion léopardé de sable sur
or (en chef).
On trouve 254 noms au lieu de 243 marqués parce qu'il y a
des remplaçants.

cestuy cy, car poursuivant mon entreprise que vous
avez entendue par le s^r de Chemault, je feiz marcher
mon armée droit devant le fort de Sellaque, prochain
de la ville et chasteau d'Ambleteul qui fut assiégé et
assailly si vivement que quatre heures après la batterie commencée il fut pris de force et de quatre à cinq
cens hommes qui estoient dedans ne s'en est saulvé
ung seul qui n'aist esté taillé en pièces ou prins prisonnier. Il s'y est trouué 22 pièces d'artillerie et
grande quantité de munitions. Le soir mesme et tout
d'une fureur mes gens prindrent la basse et haute
ville d'Ambleteux et contregnirent les ennemis à se
retirer tous dans leur grand fort qui est une très belle
et forte place, ou je feiz la nuict faire les approches
de mon artillerie et tout le jour ensuivant battre
leurs deffences, de sorte que l'autre nuict d'après
elle fut en batterie et commença de si bonne heure
et avecques telle violence que ceulx de dedans qui
estoient plus de douze cens hommes espouvantez de
crainte d'estre prins d'assault comme le furent les
aultres, vindrent se mettre en ma miséricorde et me
rendirent la place la nuit en les laissant aller les vies
sauues, ainsy que j'ay fait, usant envers eulx de clé-
mence et meilleur traittement qu'ils n'ont accoustumé
faire aux français et y estoit entre aultres milord Jehan
Grey, nepveu de milord Grey pour chef et capitaine,
personnage fort estimé entr'eulx et bien accompagné
de beaucoup de vieils capitaines et bons souldards
qui laisserent toutes leurs armes dedans la place,
25 pièces d'artillerie de bronze, sept vingt (140) caques
de pouldre et pour plus de 50,000 francs de tous vivres,
car à ce que disent ceulx qui en sortirent c'estoit le

magasin de toutes leurs places de deçà, aussi vous
assuré-je bien, mons. Marillac que c'est une aussi belle
place et autant commode que vous en sçauriez veoir,
ayant ung bon grand port, meilleur sans comparaison
que celluy de Boullongne et lequel ils ont desja grandement amendé et une infinité d'autres choses qui me
font cognoistre que Dieu n'eust sçeu mieulx faire
pour commencer à me remettre en main le pays qu'ils
me occuppent, et s'il luy plaist me continuer la faveur
dont par sa grace et bonté il a accompagné mon entreprinse jusque icy vous aurez bientost nouvelles qui
vous feront croire que Boullongne leur sera peu
asseurée et encores moins utile. Tost après l'execution dudit Ambleteux faite j'envoyai un trompette
sommer la place de Blaqnetz qui est à une lieue et
demie de la tirant à Calais, laquelle ils ont ja bien
avancée de fortiffication et y tenoient IIIIᶜ hommes de
guerre, lesquelz aussi peu asseurez que les autres,
envoyerent incontinent quant et ledit trompette le
capitaine dudit lieu, qui me rendit aussi ladite place
en sortant la vye et bagues sauves, ainsi quils ont fait
ce matin, et y ont laissé 18 pièces d'artillerie et environ 40 quaques de pouldre, grande quantité de bestal
et beaucoup d'autres vivres, de sorte que je tiens de
present toutes lesdites places que j'espère tellement
faire acheuer et pourveoir de si gens de bien que
jamais Anglois n'y commandera riens ; voilà tout ce
qui est succedé depuis le partement dudit sʳ de Chemault dont j'ay bien voulu vous faire part comme je
feray cy après de ce qui surviendra afin qu'en puissiez
parler à la vérité...

Bibl. Nat. *Clairambault*, 343, nᵒ 192 rᵒ et vᵒ

XXXIV

Depesche du Roy à M. de Marillac

1549 30 aoust.

Du camp dardintin le xxxe aoust 1549.

Depuis deux jours je vous ay escript par la poste la prinse que j'avois faite sur les Anglois des places d'Ambleteux, Blaquenet et Sellaques et par le meme adverty à la verité comme les choses estoient passées. Depuis poursuivant mon entreprinse, je partis avecques mon armée pour venir le chemin droit au mont lambert qui est une place desdits anglois près Boullongne, très forte et bien pourveu d'artillerie, munitions et de IIII à V^e hommes de guerre, de laquelle j'avois moins d'espérance que de toutes celles quils ont en Boullenois hors mis Boullongne, mais comme Dieu dispose des choses Il est si bien advenu que la nuict d'hier entre le me(r)credy et jeudy les dits Anglois estonnez et en crainte d'estre traictez comme ont esté les autres après avoir retiré secretement quelque piece d'artillerie à Boullongne, ils partirent dudict Montlambert, habandonnant la place et meirent le feu dedans, de quoy mes gens, que j'avois laissez en un fort devant ledit Montlambert pour leur faire teste et donner plus de seureté aux vivres de mon camp, eurent incontinant cognoissance et soudain arrivèrent aux environs de ladicte place où ils tuèrent et meirent en pièce cinquante ou soixante desdits Anglois qui estoyent demourés derrière, se saisirent de ladicte place, estai-

gnirent le feu et sauverent ce qui estoit d'entier, de
sorte quil y est demouré encore beaucoup de bledz,
plus de cent pièces de vin, grande quantité de chères
sallées et quelques pièces d'artilleries : et quant à la
dicte place elle est entière et si forte que j'espère par
là en recouvrer sans difficulté Boullongne, ne leur estant demouré que l'enceinte de leurs fossés sans
aucun moyen de l'ayder et secourir de vivres ne de
bois, par terre ne aussi peu par mer pour l'ordre qui
sera donné au port dudit Boullongne Et le commandement que de mon fort d'Oultreau et le mont Chastillon que j'ay fait faire d'aultre costé dudit port ont
dessus. Joinct aussy les bonnes et grosses garnisons
que je mectray dedans lesdictes places nouvellement
conquises et èz environs, dont, à ce que je veoy, lesdits
Anglois sont merveilleusement estonnez, et si le temps
et la saison qui se commance à faire fort pluuieuse
vouloit permettre que cette armée demourast plus longuement en campagne, j'espererois à l'effort qu'ils ont
et au peu de forces dont ils sont pourveuz pour le
present, sans espérance de grand secours pour plusieurs raisons, que vous sçauez assez, les chasser en
bien peu de temps hors de ce Boullenoys, mais je me
contenteray pour ce coup du bien et de la grace quil a
pleu à Dieu me faire avecques ferme fiance qu'il ne
m'a point approché si près dudict Boullongne sans
voulloir me remettre dedans et favoriser jusques au
bout ma bonne et juste querelle.

(*Ibid.*)

XXXV

1549 dernier aoust.

Marché fait avec Jehan de Montpellé,

marchant, demeurant à Dieppe pour l'envitaillement,
entretenement et renouvellement des vivres ès
places d'Ambleteuil, Selacques et blacquenay.

Aujourdhuy dernier jour d'aoust l'an 1549 le Camp du
Roy estant à huit mille (1) près Boullongne, Jehan de
Montpellé, marchant, dem^t à Dieppe a accordé et
promis à Mgr le connestable de faire l'advitaillement
et fournissement des vivres cy après déclairez, necessaires pour la nourriture de mil bouches pour ung an
dedans les places d'Ambleteuil, le fort de Selacques et
Blacquenay, selon l'estat et despartement qui pour
ce en seront faitz Et d'entretenir entièrement lesdites
vivres et munitions en estat, bon, loyal et marchant,
durant 3 ans qui commenceront le 1er jour du mois
d'octobre prochain, le tout aux charges et condicions
qui s'ensuivent.

Premierement : Fournira esdictes places et y entre-
tiendra ordinairement durant lesdits 3 ans la quantité
de 210 muys 5 septiers blé froment, mesure de Paris..
à raison de 50 liv. ts. le muy.

1.277 muys 1/2 de vin, mesure de Paris.. à raison
de 17 l. 10 s. ts le muy., 80 muys d'orge, à 30 liv. ts.
le muy. Deux milliers de hobelon, à raison de 12 liv.
10 s. ts. le cent. Desquelles orge et hobelon se bras-
sera 3,800 cacques de biere, pour la valleur de semblable quantité de 1,277 muys et demi de vin, à prendre

(1) Wimille.

8 cacques pour 3 muys, qu'il fault pour lesdictes mil bouches, le tout bon, loyal et marchant.

Plus 10,000 liv. de lard à 10 liv. ts. le cent.— 10,000 morues à 12 liv. 10 s. le cent. — 10,000 liv. de fromaiges de Flandres, à 7 liv. 10 s. ts. le cent. — 10,000 liv. de beurre à raison de 10 liv. le cent. — 10 muys de pois à 30 liv. le muy. — 10 muys de febves à raison de 30 liv. le muy. — 6 muys de verjust à 12 liv. 10 s. ts le muy. — 10 muys de vinaigre à 10 liv. le muy. — 30 muys de sel à 20 liv. ts le muy. — 6,000 liv. de chandelle à 11 liv. 5 s. le cent. — 6 pippes huille d'olif, poisant chacune pippe ixc l., à 12 liv. 10 s. le cent.

Pour faire par ledit de Montpellé le principal achapt desdites livres et munimens Mondit sr le Connestable luy a permis et accordé luy faire bailler et delivrer dedans ledit 1er jour d'octobre la somme qui sera pour ce necessaire Accordant par ledict de Montpellé de prandre pour deniers comptans tous les vivres qui se sont trouvés et qui sont de present esdites places En les luy faisant mesurer, compter et nombrer aux mesmes feurs et pris cy-desus declairez.

Lesquelz vivres icelluy de Montpellé promect renouveller par chacun an et iceulx conserver et garder durant le temps de 3 ans, en sorte que s'il y en a quelque quantité de gastez et perduz que ce soit à ses perilz et fortunes Et lesdicts 3 ans passez et à la fin d'iceulx en rendre esdictes places semblable quantité au Roy ou à celluy ou ceulx qui luy plaira commectre pour les recevoir, le tout bon, loyal et marchant ; A esté accordé audict de Montpellé quil vendra dedans lesdictes places lesdictes vivres de municion durant 6 mois de chacune desdites 3 années assavoit 8bre, 9bre et xbre, janvier, fevrier et mars, sans ce que autre que luy puisse vendre durant ledit temps, si tant lesdictes municions durent a la charge que avant que la moictyé d'iceulx vivres soient debitées, distribuées et vendues, Il remplira ladicte municion de semblable quantité En sorte que lesdictes vivres et municions soient tousiours entierement esdictes places dedans le premier jour du moys d'avril.

Et a promis et s'est obligé ledict de Montpelé de ne vendre aux gens de guerre desdictes places iceulx vivres et municions plus haulx pris que ceulx qui s'ensuivent, assavoir :

Le pain du poix de 10 onces, cuyt, froit et rassis, entre bis et blanc de blé froment, bon, loyal et marchant 3 deniers ts.

La pinte de vin 15 d. ts, la quarte de biere 6 d. ts, la libre de lard 2 s. ts., la morue entiere 2 s. 6 d. ts., la libre de fromaige de Flandres 18 d., la libre de beurre 2 s., le boisseau de pois 4 s., le boisseau de febves 4 s., la pinte de vert-just 12 d., la pinte de vinaigre 10 d., le petit boisseau de sel 2 s. 3 d., la libre de chandelle 2 s. 3 d., la libre d'huille d'ollif 2. s. 6 d.

Pour reffeschissement et renouvellement desquelz vivres et municions, vente, distribution, conservacion, dechetz et garde d'iceulx, dommages pertes et interestz quelzconques que pourroit avoir et souffrir ledict de Montpellé au moyen de ladicte fourniture Et aussi pour le salaire de luy, ses gens, facteurs, commis et depputez, Mond. sr le Connestable luy a promis et accordé ou nom dudict sr Roy la somme de 10,000 liv. ts. pour et durant lesdicts 3 ans, qui est pour chacun an III^m IIII^c XXXIII^l. VI ^{s}. VIII d. ts païable par les 4 quartiers de l'année, A commencer audict Ier jour d'octobre prochain, A prandre par les mains du tresorier des reparations et advitaillemens des pays de Picardie Boullenois et Arthois, auquel pour cest effect les assignations seront deliurées.

A esté pareillement accordé par mondict s^r le Connestable audict de Montpellé que si en menant et conduisant lesdicts vivres et municions esdicts lieux et places d'Ambletueil, Selacques et Blacquenay, soit par mer ou par terre, Ils estoient prins ou destroussez d'amys ou ennemys En ce cas le Roy sera tenu de la perte qui se trouvera bien et deuement vériffiée pourveu que devant que de les faire partir du lieu où Il les prendra Il demandera escorte au Roy ou a son lieutenant general au pays où il les chargera pour la seureté et conduicte desdicts vivres. Si aussi par fortune de feu non advenue par la faulte dudict de Montpelé, ses gens et serviteurs ou par fortune de guerre ou de tonnerre lesdites vivres estoient perdus, gastez ou bruslez esdites places En ce cas le Roy sera tenu le recompenser de la perte qu'il monstrera et veriffiera deuement avoir pour ce faicte.

A davantaige esté accordé audict de Montpelé quil sera franc, quicte et exempt de tous peaiges royaulx, travers et aultres subsides quelzconques appartenans au Roy quil pourroit devoir pour les vivres quil acheptera et fera mener et conduire esdites places pour ladicte municion et non ailleurs, dont à ceste fin luy seront baillées les provisions nécessaires.

Sera baillé logis ès dictes places d'Ambletueil, Selacques et Blacquenay audict de Montpelé pour loger luy, ses facteurs, commis et depputez, blez, vins, et toutes autres municions susdictes.

Et s'aydera ledict de Montpelé des moulins, brasseries et ustancilles d'iceulx estans esdictes places d'Ambletueil, Selacques et Blacquenay.

Faict audict camp de huit mille les an et jour que dessus. Signé *de Montmorancy*, et au-dessoubz *de Montpelé*.

De Laubespine.

Estat de ce que le Roy est tenu de livrer à Jehan de Montpellé pour la fourniture des lieux d'Ambletueil, Selacques et Blacquenay quil est tenu garder, entretenir et renouveller et de ce quy lui a ja esté fourny   32 mille 261 liv. 13 s. 4 d. ts.

Autres vivres.

A reçeu ledit de Montpelé la quantité de 20 pippes de malvoisie, assavoir à Ambletueil 9 pippes 1/2 A Selacques 1 pippe 1/2 et à Blacquenay 9 pippes. Lesquelles malvoisies luy ont esté baillées en garde parceque par son marché le Roy n'est tenu luy en fournir, Et promect les rendre à la fin des 3 ans que son marché sera expiré, ou les bailler quand il plaira au Roy luy commander, luy deduisant les coulaiges et remplaiges deuement certiffiez.

Plus luy a esté baillé en garde la quantité de 4 muys de seigle parceque par son marché il n'est point tenu d'en fournir. Laquelle quantité il promect rendre à la fin de son marché.

Plus luy a esté baillé en garde de la quantité de 2 muys 5 septiers de pois noirs quil n'a voulu prendre pour bons, parce qu'il dit quilz ne vallent que pour bailler aux chevaulx. Et les promect rendre ou les prendre au pris quil sera advisé.

De Laubespine.

Bibl. Nat. *Fr.* 18, 153. f°s 95, 96, 97 et 98.

XXXVI

Depesche de M. de Marillac au Roy.

1549 3 7bre

De Mons en Haynault,

Sire. Dès vendredi dernier Mons. du Reux avoit donné advis à la Royne d'Hongrie que vous avez prins deux forts sur les Anglois l'ung par la force qui estoit Sallaque et l'autre par composition qui estoit Amble-teux. Toutes fois pour ce que l'autheur de cet advis ne se nommoit point, car c'estoit à ce que j'entends un homme dudict s^r du Rœux, qui va et vient assez fami-lierement en vostre camp et davantage est cogneu des Anglois, esquels il pourroit aussy bien rapporter ce quil verroit en vostre armée, et que d'ailleurs cest ad-vis estoit de bien mauvais goust, la nouuelle fut tenue secrete jusques au soir que l'Empereur, après son souper, en fit quelque mention. Le lendemain, qui estoit samedy qu'on partit de Bains pour venir en ceste ville, cest advertissement fut confirmé par le ca-pitaine de Gravelingues qui adjoustoit la prinse de Blaquetet dont tout ce monde fut fort émerveillé pour la célérité de cette exécution et le peu de résistance qu'on avoit trouvé aux Anglois lesquelz s'estoient vantez d'avoir si bien pourveu à leurs fortz quilz ne

craignoient la puissance des hommes à tout ce moins
pour cest esté, de sorte, Sire, qu'on ne pouuoit bonnement croire que cest advertissement fust vray
jusques à ce que je l'eusse confirmé par les lettres quil
vous avoit pleu me faire escripre du 27ᵉ du mois
passé qui arrivèrent bien à point, et encores mieulx
les subsequentes du xxx que le chevaucheur porteur
de cestes me rendit dimanche matin, faisant mention
du Montlambert, dont ceux cy estoient encores igno-
rans, comme je cogneu par les propos de Monsʳ
d'Arras qui me feit mention seulement des autres
forts dessus nommez, et combien, Sire, que par
parolles il feist demonstration d'en estre fort joyeux,
disant quil estimoit par là la reddition de Boulogne
estre prochaine, et consequemment qu'on auroit fin
de cette guerre. Ce que je ne voulus nyer ny accorder. Toutes fois sa contenance me semble autre que
de coustume comme feit celle de l'Empereur à qui je
parley une heure aprez, pour estre chose advenue
contre leur expectation, et que tout ce monde, Sire,
estime estre plus œuvre de Dieu que des hommes, et
mesmement que tous ces courtisans ne faisoient pas
la petite bouche de dire que ceste emprinse estoit
comme la dernière qui fut faite à Perpignan et sans
quon menoit, à bien parler, un jeune Roy à donner
de la teste contre les murailles et que les forts ne se
prenoient plus d'emblée ny en si peu de temps
comme il restoit en ceste saison si prochaine de
l'hyver....

Quant à la Royne d'hongrye, pour ce qu'elle estoit
retournée à Reims Il ne s'est offert commodité de luy
tenir semblable propos, lequel d'ailleurs je sçauois

luy seroit aussi peu agréable qu'au susdit s^r du Reux, lequel ne se peut contenter à ce qu'on m'a dit de la lascheté des Anglois, disant qu'il veoyt bien que Boullongne estoit perdue, car oultre ce qu'on tenoit qu'il y avoit peu de gens de guerre dedans, il prevoyoit bien les difficultez d'avoir vivres par mer, qui estoient assez grandes desja par le moyen des forts que vous teniez, Sire, et seroient du tout reduites à impossibilité S'il estoit vray, ce qu'on disoit, que vous, Sire, aviez proposé faire enfoncer quelques vieils navires plains de grosses pierres à bouche du port où les navires peuvent passer sans ce dangier si on poussoit oultre de faire rendre la ville sur ce grand effroy quils ont eu, en voyant les séditions d'Angleterre, continuer et le peu de secours quils peuvent attendre d'ailleurs (1).

Bibl. Nat. *Clairambault* 343, f° 195.

XXXVII

1549 7 7bre

Arrest de compte *faict avecques les bouchers d'Amyens par les commissaires generaulx des vivres.*

Les bouchers d'Amyens commencerent à faire leur fournissement le xviie jour d'aoust et ont cessé le viiie jour de septembre ensuivant, lesdicts jours incluz, qui sont 20 jours entiers pour chacun desquels leur est donné suivant leur marché xxxii l. viii s. ix d. montans ensemble iii^c lxviii l. xv s. ts Plus a esté

(1 En retournant vers Paris le Roy Henry II s'est arrêté à Monstreuil le 6 septembre 1549, à Rue le 8, à Amiens le 11, à Compiègne le 27 septembre.

accordé ausdicts bouchers pour la perte quilz ont faicte de 5 beufz et de 18 moutons qui ont esté perduz et desrobez partie de nuict et partie au Pont de brique par aucuns soldartz, ainsi qu'il a esté certiffié par le clerc qui avoit le regard sur le bestiail, qui est à raison de xvii l. x s. chacun beuf et xxxv s. chacun mouton cy vi^{xx} l. xv s. — Somme desdicts gaiges et pertes 589 liv. 10 s. ts. — Et l'advance qui leur a esté faicte monte iiii^m vi^c l. ainsi deuroient de reste lesdicts bouchers la somme de 4000 liv. 10 s. laquelle ils payeront dedans 3 moys ainsy que le contient ledict marché.

Faict et arresté à Monstreul le viie jour de septembre l'an 1549.

De Mandosse, De Pierreuive, Destourmel, Veau.
De Laubespine.

Bibl. Nat. *Fr.* 18153. f° 135 ^{vo}.

Le Hillot, Pierre Bange et leurs compaignons bouchers commencerent leur furnissement de chairs le 20e d'aoust et l'ont cessé le 5 7bre (soit) 17 jours entiers pour la somme de iii^c iiii^{xx} xvii l. xvi s.

Plus a esté accordé pour perte de 8 bœufz et 36 moutonz, huit 20 liv. ts.

Fait et arresté à Monstreuil le 7 7bre 1549.

De Mandosse, Depierreuive, Destourmel, Veau.

Ibid. f° 146 v°.

XXXVIII

1549 27 7ᵇʳᵉ.

Depesche du Roy à M. de Marillac. — De Compiègne

Monsieur de Marillac...

... J'ay entendu par vostre lettre les nouvelles que me faites sçavoir d'Angleterre, mesmement des chevaux Clevois qui devoient passer deçà la mer, dont je me suis bien apperçeu, car mes galleres en ont prins 2 navires chargez, où il y en avoit 48 chevaux, hommes et harnois, et y ont fait un très bon butin dont je pensois vous avoir adverty. Comme je veulx bien faire que mes affaires envers les Anglois vont Dieu mercy de bien en mieux, car outre l'ordre que j'ay donné par la terre de brider Boullongne, je tiens le port de si prez qu'il sera bien mal aisé qu'ils en ayent doresnavant secours Et espere que bien tost en aurez-vous encores de meilleurs nouvelles... fᵒ 210.

Bɪʙʟ. Nᴀᴛ. *Clairambault* 343.

XXXIX

Ordre de F. de Montmorency au trésorier...

1549 2 8ᵇʳᵉ.

Maistre Pierre de Lagrange, trésorier des repparations et advitaillemens des villes, chastcaulx et places de frontiere des pais de Picardie et Arthois, payez, baillez et delivrez comptant des deniers de vostre commmission à JEHAN DE THÉROUENNE, maistre des ouvraiges de maçonnerie et charpenterie pour le Roy nostre s^r en sesdits pays de Picardie et Arthois la somme de 22 liv. 10 s. ts Que nous luy *avons ordonné* et ordonnons par çes présentes en advence de deduction de ce quil luy sera taxé et ordonné des journées et vacations quil a faictes en ceste presente année pour veoir et visiter par nostre commandement les ouvraiges de maçonnerye faictes en aucunes places desdicts pays, à faire les thoisez d'aucunes d'icelles Semblablement assister avec les maçons qui ont esté envoyés audict pays par le commandement de Monsieur le Connestable pour y faire semblables thoisez et visitations. Et par rapportant cesdictes présentes avec la quictance dicelluy de Thérouenne sur ce suffisante seullement, Ladicte somme de 22 liv. 10 s. ts sera passée et allouée en la despence de voz comptes et rabbattue de vostre recepte partout où il appartiendra sans aulcune difficulté. Faict au fort d'oultreleaue soubz nostre seing et scel le 11e jour du mois d'octobre 1549.

F. DE MONTMORANCY.

1 f. parch. p^t in 4° obl. Sceau applique.

B. N. — *Pièces orig.* 2031 n° 102,

---

(1) François de Montmorency, seigneur de la Rochepot, fils de Guillaume de Montmorency et d'Anne Pot, dame de la Rochepot et de Chateauneuf.

XL

A Mons(ieu)r le comte Ringraue
Collonnel des lansquenetz (1).

1549 5 8ᵇʳᵉ

Monsʳ le conte Jay presentement receu vostre lettre et suis bien marry de vostre mal. Si jauois moy(en) de vous y donner quelque alleigement je vous promectz ma foy que je le ferois de tres bon couer. Car vous ne re(couu)rerez jamays si tost vostre entiere disposition que je le désire : Je vous prie me faire sçauoir comment vous vous porterez, le plus souuent que pourez. Et regardez sil y a choses en ma puissance de quoy ayez affaire, laquelle ne vous sera jamays espargnée. Au regard des planches que demandez pour vous faire une petite maison auprès de voz bandes Jay escript a Monstreul pour vous en faire venir Et crois que vous les aurez bien tost. Quant a la f(ou)rniture des viures de Salzcedo dont vous mescripuez Je y donneray si bon ordre quil nen aduiendra faulte. Atant Je prie Dieu Mons(ieu)r le Conte Vous auoir en sa saincte garde : du fort ce cinq(uies)me octobre 1549.

Lentiérement vostre bon amy

LA ROCHEPOT.

Cachet aux armes (de Montmorency) : d'or à la croix de gueulles, accompagnée de 16 alérions d'azur : chargé en cœur de l'écu des Pot de la Rochepot qui est : d'or à la fasce d'azur.

Original, 1 f. in-fol. papier.

Archives A. DE ROSNY.

---

(1) Jean Philippe, comte de Salm, rhingrave.

XLI

1549 7 8bre

*A Monsieur le Conte
Ringraue Collonnel des
lansquenetz ou a son lieutenant.*

Monsieur le Conte. Je vous aduise que jenuoyeray demain les commissaires et controolleurs pour faire la monstre de voz bandes De quoy vous ay bien voullu aduertir affin que les teniez p(r,estes A tant je prye Dieu, Monsieur le Conte, vous auoir en sa saincte garde. Du fort ce viime jour doctobre 1549.

Lentierement vostre bon amy

LA ROCHEPOT.

(Original. 1/2 p. in 4° pap. Arch. A. de R.)

XLII

Lettre du Connétable de Montmorency à M. d'Humyères

1549 17 8bre

Monsieur d'Humyeres, le Roy en recompense des bonnes nouvelles que vous luy avez escriptes de la santé de Mg^r le Daulphin, de Mgr le duc dorléans et de Mesdames leurs sœurs, vous advertit de celles quil a eu d'Escosse ou Dieu mercy les choses vont si bien que mieux ne pourroient et au contraire très mal en Angleterre par le moyen de nouveaux troubles qui y sont survenuz, qui me donne meilleure espérance que jamais de Boullongne, veu le debvoir que nos gens font de les serrer de près et déjà le Milord Clinton a

parlementé par deux fois avecq mon nepveu de Chastillon, tenant propos qui demontrent quils sont pour
venir à quelque bonne composition, choses touttesfois
ou nous n'adjousterons pas tant de foy que delais-
sions à faire tout ce dont nous pourrons adviser pour
le réduire à l'extrémité s'il est possible.. .

B. N. *Fr. Nouv. Acq^{on}* 7702. p. 68.

XLIII

Ordre de paiement pour outils

1549 22 8bre

Maistre Pierre de la Grange, notaire et secretaire
du Roy n^{re} s^r Et par luy commis à tenir le compte et
faire les payemens des repparations, fortiffications et
advitaillemens des villes, chasteaux et places de frontiere des pays de Picardie et Arthois Païez baillez
et delivrez comptant des deniers de vostre commission
à Jehan Fromentin et Pierre Bourre forgeurs demou-
rans à Abbeville la somme de huit vingt et une
(161) liv. 10 s. ts Que nous leur avons ordonné et ordonnons par ces presentes, tant pour les especes
dhoustilz cy après declairez quilz ont fourniz en la
ville d'Abbeville que pour la vouture et conduicte
d'iceulx d'icelle ville d'Abbeville en celle de Monstreul
sur la mer C'est assavoir 305 pelles ferrées au feur
de 3 sols tournois piece, xlv l. xv s. ts., 200 louchetz
à 6 solz tournois piece lx l. ts. Et 200 hoïaux à 5 s. ts.
pièce, l l. ts. Pour le sallaire d'un chartier qui a
amené lesdicts houtilz de ladicte ville d'Abbeville en

7

celle dudit Monstreul avec ung chariot attelé de 5 chevaulx que lesdicts Fromentin et Boure ont payé c s. ts.
Et pour leur sallaire de les avoir conduictz et livrez
audict Monstreul xv s. ts. Et lesquelz houtilz nous
avons faict mectre soubz bonne et seure garde en ladicte ville de Monstreul pour s'en servir quant la necessité le requerra au service du Roy n^re dit s^r Et par
rapportant ces dites presentes auec la quictance d'iceulx
Fromentin et Bourre sur ce suffisante seullement, ladicte somme de huict vingt une livres 10 s. ts sera
passée et allouée en la despence de vos comptes et
rabbatue de vostre recepte partout où Il appartiendra
sans aucune difficulté. Faict au fort d'oultreleaue le
22e jour du moys doctobre l'an 1549.

F. DE MONTMORANCY.

(Sceau applique bien intact)

B. N. *Pièces orig.* 2031. n° 103.— 1 f. p^t in 4° parch.

Le n° 104 est une quittance pardevant Meignot et
de Ileghes, notaires à Montreuil, par Jehan Fromentin
et Pierre Beure de la somme de huict vingt et une
livres 10 s. ts pour les houstilz par eux fournis du
24 8bre 1549.

(P^t in 4° parch. obl.)

XLIV

1549 26 oct.

Lettre du Roy au Cardinal de Ferrare et à M. d'Urfé.

...J'ay toujours mes forces en l'estat que ie les
laissay aux environs de ma ville de Boulogne, et n'ont

ceux de dedans guères davantage que le bord du fossé pour territoire pour se promener, ils font quelquefois quelques saillies pour faire pasturer et égayer leur bestail à l'entour desdits fossez : mais ils ont esté ordinairement si bien chargez et repoussez par les miens avec perte de leurs meilleurs et plus courageux soldats, qu'il ne leur prend plus d'envie de saillir en campagne : et desia Milord Clinthon, lieutenant general dudit Boulogne, est venu à parlementer deux ou trois fois avec le s^r de Chastillon, mon lieutenant en Boulonois, sans qu'ils ayent grande envie de venir en quelque honneste composition donnant là-dessus les meilleures paroles qu'il est possible, sur lesquelles toutes fois je ne suis pas délibéré de m'endormir et amuser sy je n'y voy autre chose par effet : et cependant je n'oublie rien de ce qui est à faire pour le devoir de la guerre... Ceux des communes et les Ecossois s'en retournent tous les jours de deçà la mer, démontés et desarmez, très mal contens... Et je vous laisse à penser, si Dieu mercy, j'ai le jeu disposé à fortifier mon entreprise du recouurement de Boulogne, nettoyer le Royaume d'Ecosse d'une si odieuse nation et d'avantage pour faire quelque autre bonne execution sur eux, telle que le temps et l'occasion me pourront fournir : je fais faire en diligence un bon nombre de navires et vaisseaux subtils, appellez Roberges, qui sont les meilleurs et plus propres pour la guerre en cette mer de Ponant, que l'on sçauroit avoir, avec lesquels j'espère sy bien couurir et asseurer toute la coste que je garderay bien les Anglois d'approcher le port de Boulongne. Cependant je tiens sur l'embouchement d'iceluy une bonne troupe de gens avec

artillerie qui empeschent du tout l'entrée........
26 oct. 1549.

Lettres et Mémoires d'Estat servant à l'histoire de Henry II, par Guillaume Ribier, t. II. pp. 245-6.

XLV

1549 28 8^(bre)

Ordre de paiement *pour transport d'armes.*

Maistre Pierre de la grange tresorier des repparations et advitaillemens des v(illes chasteaux) et places de (frontiere de) Picardie et Arthois païez (baillez) et delivrez comptant des deniers de vostre commission à Jehan du Hamel voiturier par t(erre dem' à) Monstreul (sur la mer) la somme de 45 (sols ts) que nous luy avons ordonnée et ordonnons par ces presentes pour avoir de nostre commandement... (mené avec sa) charrette et deux chevaulx le 27ᵉ jour de ce present mois de la ville de Monstreul sur la mer au fort et villeneuve d'oultreau la quantité de c(inquante)lances et vingt hallebardes lesquelles nous avons faict mectre audict fort soubz bonne et seure garde pour s'en servir quand Il e(n sera besoing) au service du Roy nostre sʳ. Et par rapportant cesdites presentes avec la quictance dudict du Hamel sur ce suffisante seullement ladicte somme de 45 s. ts sera passée et allouée en la despence de vos comptes et (rabatue) de vostre recepte partout ou il appar(tiendra) sans difficulté Faict audict

fort d'Oultreaue soubz nostre seing et scel le 28ᵉ jour
du moys d'octobre l'an 1549.

De Montmorancy (1).

1 f. in-4° parch. obl., déchirures, Sçeau applique.
B. N. — Pièces orig. 2031, n° 105.
(Voir la quittance du 29)

XLVI

Quittance

1549 29 8ᵇʳᵉ

Pardevant nous notaires Royaulx manant à Monstreul sur la mer soubz signez, Jehan du hamel, voic-
turier par terre, demourant à Monstreul sur la mer A
confessé avoir eu et receu comptant de Mᵉ Pierre de la
Grange, trésorier des repparations et advitaillemens
de Picardie et Arthois la somme de 45 solz tourn. A
luy ordonnée par Mgr de la rochepot chʳ de l'ordre du
Roy et son lᵗ genᵉˡ en Picardie et Arthois en l'absence
de Mgr le duc de Vandosmois pour avoir mené avec
sa charrette et deux cheuaulx le 27ᵉ de ce present
moys de la ville de Monstreuil au fort dOultreleaue
la quantité de 50 lances et 20 hallebardes pour le service du Roy nostre dit sʳ. De laquelle somme de
45 s. ts ledit du hamel s'est tenu pour content et bien
payé Et en a quitté et quitte ledict Mᵉ Pierre de la

(1) François de Montmorancy, chʳ sʳ de la Rochepot, gouverneur de Paris, lᵗ genᵃˡ en Picardie et Arthois, sʳ bᵒⁿ de
Mello, chasteau neuf et La Rochepot, mari de dame Charlotte
de Humières, dame d'Ancre et Bray (sur Somme), veuve en
1551 10 8ᵇʳᵉ.

Grange trésorier susdit et tous aultres tesmoing noz
seings manuelz cy mis à sa requeste le 29ᵉ d'octobre 1549.

POSTEL ALLARD.

Langue de parchemin.

B. N. *Pièces orig.* 2031, p. 99.

XLVII

Depesche du Roy à M. de Marillac

de Paris ce...

1549 7 nov.

Monsieur Marillac, j'ay veu par une lettre qu'avez
escripte à mon cousin le Connestable, du dernier jour
du mois passé, comme dedans peu de jours après
s'attendoient par dela les ambassadeurs du Roy
d'Angleterre, chose que j'avois longtemps auparavant
preuenue au moins en oppinion, que l'instante pour-
suitte que les Anglois faisoient envers mon cousin le
sʳ de Chastillon à ce que je fusse content depputer
commissaires pour envoyer en boullenois traicter sur
la restitution de Boullongne, ainsi que je vous ay par
cy devant adverty, ne se faisoit à autre intention que
pour cuyder par lesdits Anglois faciliter et donner plus
de faveur à ce quils veulent tirer de l'empereur et luy
paindre qu'ils sont recherchez de moy, Ce qui m'a
tousjours fait dissimuler et tirer à la longue cette negociation pour en deseouvrir plus clairement le fond,
sans jamais m'estre laissé aller ne entendre d'aucune
particularité, sinon que je les estimois si saiges et tant
aymans le bien de leur Roy, lequel pour estre jeune

se releveroit tousjours à leurs despens de la faulte quils
y feroient qu'ils seroient pour ne sy opiniatrer plus longuement à retenir et garder si peu qu'ils ont encore en
Boullenois et qu'il n'y falloit autre traitté que de me le
rendre de bon gré, acheptant par là le repos et le bien
de leur dit maistre qui deppend de mon amitié, mais si
n'ont-ils laissé de poursuivre ladicte negociation et fait
escripre par le gouverneur de Boulogne à mondit
cousin de Chastillon encores depuis cinq ou six jours
avecques ung memoire quils luy ont envoyé de sorte
que à la fin ayant cogneu à la verité par vostre lettre
ce que j'en avois tousjours pensé, j'ay mandé à mon
dict cousin de Chastillon qu'il leur coupast la broche
tout court, et leur dit s'ils continuoient à luy en parler
que quant ils auront achevé ce quils traittent ailleurs
Alors on advisera si on les vouldra oyr, et que l'on
veoid bien de quel pied ils cheminent en cecy qui est
une vieille ruze dont ils ont accoustumé user, ce dont
j'ay voulu vous advertir affin que par dela vous fassiez
entendre partout comme ils estoient et sont après moy
pour cuyder m'attirer à envoyer des depputez pour trait-
ter avecques eulx de la restitution dudict Boulongne,
mais que toute la responce quils en ont eue de moy a
esté que j'avoys tant d'ambassadeurs auprès dudit
Boulongne et de si bons advocats que je pensois en
avoir bien tost la raison, et quil n'estoit ja besoin
d'entrer en autre negotiation que en celle qu'ils y
avoient commencé, laquelle seroit de mon costé pour-
suivie si vivement et à si bons enseignes que j'esperois
dedans peu de jours les releuer de la despense quils
font à garder cette ville la, qui ne leur sert de riens

pour lequel effect je vous assure aussi que je n'ou-
blieray riens.

B. N. *Clairambault*, 343.

XLVIII

1549 8 nov.

Lettre de Gaspard de Colligny à Me Pierre de la Grange

Gaspard de Coulligny, s^r de chastillon sur Loing,
chlr de l'ordre du Roy nostre Sire, son lieutenant
general en Boullonnoys en l'apsence de mess^{rs} le
duc de Vendosmois et La Rochepot, cappitaine de
50 hommes d'armes des ordonnances dudict s^r et Collonnel general des gens de pied Françoys estant en
Picardye A maistre Pierre de Lagrange notaire et
secretaire d'icelluy S^r Et par luy commis à tenir le
compte et faire les paiemens des repparations, fortiffications et advitaillemens des villes, chasteaulx et
places de frontiere dud. pays de Picardye, Boullonnoys et Arthois, Salut : Pour ce qu'il a esté de besoing
et requis promptement et en toute dilligence armer,
esquipper et munyr deux gallyons du Roy nostre dict
s^r, dont sont cappitaines St Saulveur et La Roche,
pour s'en servir et ayder pour le service du Roy nostre
dict S^r En tout ce quil luy plaira commander Et mesmement pour aduitailler la ville dambleteul et les forts
d'envyron nagueres conquis par icelluy s^r au pays de
Boullonnoys A quoy le s^r de Villegaignon, chevalier
de l'ordre de St Jehan de Jherusalem et ayant la supro-
intendance pour le conduicte des gallaires et autres
vaisseaulx de mer estans pour le service du Roy nostre

dict S^{gr} En la coste de Boullonnois En satisfaisant au
voulloir dudict S^r et pour le prouffit et utilité d'icelluy
A faict pris et accord ausdictz cappitaine d'équipper
et munyr lesdicts deux gallyons Ensemble d'entretenir dedans chacun d'iceulx trente hommes, tant mary-
niers que officiers et gens d'artiffice pour la conduicte
et deffence d'iceulx Oultre le nombre des gens de
guerre qu'il plaira audict S^r y mettre de renfort à raison de trois cens soixante livres tournois par moys
pour checun gallyon qui seroit la somme de 720 liv. ts
a commencer de ce present moys de novembre et
que pour faire ledict paiement audicts cappitaines
n'ayons près de nous nulz deniers destinez pour ce
faire sinon ceulx ordonnez pour la repparation et fortiffication de la ville dambleteul Vous mandons que
d'iceulx vous payez, bailliez et deliurez comptant par
forme d'avance ausdictz cappitaines Sainct Saulveur et
La Roche cappitaines desdictz deux gallyons la somme
de six cens sept liv. dix solz tournois en advance et
deduction de ladicte somme de 720 l. ts pour leur
payement d'un moys entier à commencer de cedit
present moys de novembre et à raison de 360 liv. ts
pour icelluy pour chacun gallyon Et par rapportant
lesdictes presentes, la certiffication dudict s^r de Villegaignon de l'accord et pris qu'il a faict ausdicts
capp^{ues} et le temps qu'ils auront servy auec leur quittance sur ce suffisante seullement ladicte somme de
607 liv. 10 s. ts sera passée et allouée en la despence
de voz comptes et rabatue de vos recepte sans aucune
difficulté. En tesmoing de ce Nous avons signé lesdictes présentes de nostre main et faict sceller du scel
de noz armes.

A Ambletuce (*sic*) le 8ᵉ jour du moys de nov. l'an
1549.

DE COULLIGNY.

1 f. pᵗ in plano parch. — Sceau disparu.
B. N. *Pièces orig.* 813. n° 42 des Colligny.

XLIX

1549 8 nov.

Marché

passé par Anthoine du Prat, chᵣ baron de Thiert
et de biteaulx, sᵣ de Nantouillet et de Precy.. garde
de la prevosté de Paris, à Petre de Salzedo, capitaine
du chasteau de Hardelot et de 300 hommes de guerre
à pied des vieilles bandes : il accepte de « faire la
fourniture du pain et du vin de toutes les bendes et
enseignes des gens de pied, lansquenetz et Françoys,
ensemble des chevaulx legiers qui sont de present au
pays de Boullenoys, en ce non comprins la fourniture
des garnisons des places, du 10 oct. jusqu'au 10 avril
prochain ...pour le prix chacun pain de 10 onces, cuyt,
rassis, entre bis et blanc, de 4 deniers tournois et le
vin à raison de 15 liv. ts. le muy..... Passé le vendredi viiiᵉ nov. 1549.

DE LAUBESPINE.

L

De par le Roy

*Ordonnance pour la monstre des chevaulx légiers
de Picardie.*

1549 15 9ᵇʳᵉ

Commissaires et contreroolleurs qui ferez la prochaine monstre des bandes de gens de guerre montez

et armez à la legiere, estant de present à nostre soulde
et service en noz pays de Picardye et Boullenois Nous
avons advisé pour le soullagement de noz subgectz
et affin de donner meilleur moyen ausdicts gens de
guerre, chevaulx legiers de se pouuoir entretenir en
nostre dit service et de vivre sans plus rien prendre
sur nos dicts subgects sinon en païant de gré à gré,
de croistre et augmenter leur soulde et estatz Cest
assavoir à chacun d'eulx de 20 liv. ts pour leur parfaire avec les 30 l. quilz avoient acoustumé d'avoir,
leur soulde jusques à 50 liv. pour quartier, qui est
200 liv. ts par an : aux cappitaines à chacun sept
vingt dix (150) liv. aussy de creue et augmentation
par quartier revenant à 600 liv. ts par an, Oultre
les 1,200 liv. quils ont accoustumé d'avoir, qui est en
tout comprins leur place 2,000 l. ts par an ; A leurs
lieuxtenants 75 l. ts pareillement de creue et augmentation par chacun quartier montant 300 liv. ts par an
Oultre leur estat acoustumé de 600 liv. et leur place
de 200 liv. Revenans à 1,100 liv. ts. aussi par an Et
aux enseignes à raison de 52 liv. 10 s. ts. semblablement de creue et augmentation par quartier qui est
200 liv. ts par an, oultre 390 liv. qu'ils ont acoustumé d'avoir le tout montant, comprins leur place, à
800 liv. ts par an. Moïennant laquelle augmentation
de soulde et d'estatz lesdicts gens de guerre montez
et armez à la legiere n'auront plus aucuns appoincte-
mens de doubles payes à 10 o/o comme Ilz ont eu
par le passé Et davantaige estans ès garnisons et
allans par pays ne prendront plus sur nos subgectz aucuns vivres ne aultre chose quelconque, soit pour
eulx, leurs valletz ou chevaulx, sinon en païant de gré

à gré comme dict est. En quoy et en toute aultre
chose ils se conduiront et viveront doresnavant selon
et ainsi quil est plus amplement contenu ès ordonnances par nous faictes sur l'ordre et façon de vivre
tant de nostre gendarmerye, gens de noz ban et arriere
ban desdicts chevaulx legiers que de gens de pied
Lesquelles nous ferons de brief publier. Ce que nous
mandons et très expressement enjoignons declairer et
faire entendre a nos dicts gens de guerre chevaulx
legiers en faisant leur dicte prochaine monstre Qu'a-
vons ordonné leur estre faicte pour ung quartier commençant assçavoir des bandes des s^rs d'Autingues et
de Sinpierre au 18e jour de ce present mois Et celle du
capp^ne Pelloux le xiie de decembre prochain, leur en-
joignant et commendant de par nous que incontinent
après ladicte monstre faicte et avoir receu payemens
à la raison cy dessus declairée Ilz aient à vivre en la
maniere susdite sur peyne de la vye. Vous deffendant
aussi de passer à ladicte monstre aucuns harquebu-
ziers ny aultres personnes silz ne sont montez, armez,
portans lance et en l'estat et esquypaige que doibvent estre les gens de guerre de ladicte quallité de
chevaulx legiers et cappables de nous faire service. Et
après ladicte monstre et payemens faictz et ausquelz
vous enjoingnons d'assister, et iceulx faire faire particullierement, vous clorrez incontinent les roolles des
dites monstres d'icelles bandes Et les envoyerez au
contreroolleur general de nos guerres, avec l'extraict
des deniers à nous revenans bons tant sur les places
vuydes que des cassez si aucuns en y a affin quil face
entendre à nous Et aux gens de nostre conseil privé
comme le tout aura esté passé A quoy ne ferez faulte,

Car tel est nostre plaisir. Donné à Paris le xve jour de novembre 1549.

CLAUSSE.

B. N. *Fr.* 18,153 f° 120.

LI

1549 17 nov.

Ordre de Henry II au capitaine de Péronne

Cappitaine

Pour ce que je suis adverty que les Angloys tirent et font venir quelques Italiens à leur service, la plus part desquels passent à la desrobée et entrent en mon Royaume par divers endroits, feignant de venir prendre la soulde en mon camp, dont ils se desrobent après et se retirent auxd. Anglois. A cette cause je vous prie et ordonne donner ordre là où vous avez puissance, que aultant d'Itallyens qui y passeront sans avoir passeport de moy, soient prins, arrêtez et mis en lieu seur, et m'en advertyssez incontinant, y prenant garde de si près sur les passaiges qu'il ne s'en saulve pas ung, s'il est possible... et vous me ferez service très agréable en ce faisant...

A Paris le 17e jour de nov. 1549.

HENRY.

B. N. *Fr. Nouv. Acq^{on}* 7702 p. 87.

LII

1549 x^bre

Mémoire à Monseigneur le Duc d'Aumale

Des choses que le Roy luy a ordonné faire au pays de Boulonnois où Il l'envoye présentement.

Et premierement :

Estant Monsr le Duc d'Aumale arrivé audit pays verra toutes les forces que led. seig^r y a ès environs de Boulogne tant lansquenetz que gens de pied françois Et les lieux où ils sont logéz et départis Et s'il voit qu'il y en ayt de plus propres, commodes et advantageux pour incommoder dauantage laditte ville de Boulogne Et empescher de plus en plus le peu de commodité quelle peut avoir du dehors, aussy pour faire teste à l'ennemy, s'il se mettoit en campagne pour venir secourir laditte ville, mondit S^r le Duc d'Aumale fera desloger lesdits lanquenetz et gens de pied pour les y loger avec tout avantage qui se pourra.

Et pour ce quil y a longtemps que le Roy à prouveu pour faire massonner les gallères quil veut estre mises à fondz au port de Boullogne pour estre le moyen principal que l'ennemy ayt de secourir et envitailler ladite ville mondit sieur d'Aumale verra en quel estat sont les galleres et sy elles sont prestes ainsy que le s^r de Villegagnon le faict sçauoir et advisera les moyens d'en faire promptement l'execution, pour lequel effet le lieutenant du Vicomte de Dieppe a mandé avoir envoyé les trois batteaux dont luy avoit esté escrit.

Et affin que mondit S^r d'Aumale entende plus par-
ticulierement quelles forces de gendarmerie il y a en
Picardie Il luy est donné un mémoire des compagnies qui ont esté ordonnées pour y tenir garnison Et
desquelles le Roy a ordonné estre faict monstre le
12e du mois de janvier prochain Et neantmoins affin
d'auoir plus de forces prestes a commandé que les
compaignies de Mgr le Dauphin, de Mr de la Rochepot,
du M^{al} du Biez et des Srs de Crequy et Langey
fassent monstre le 12 de ce mois, auquel jour Il les
fera payer comme toutes les autres compaignies à
raison de 400 liv. par an qui est CL liv. par quartier En quoy faisant ledit seigneur entend quils
vivent sans prendre aucune contribution ny faire
autre foulle ny exaction sur le pauure peuple, mais
acheptent ce quil leur faudra au marché de gré à gré.
Desquelles cinq compagnies Monsr d'Aumale s'aydera
et les approchera et departira aux lieux et ainsy quil
trouvera bon Et s'il est besoing les renforcer davantage fera approcher tel nombre de compagnies qu'il
verra necessaire ;

Departira les chevaux legers que ledit seigneur a
audict pays aux lieux les plus importans pour en tirer
le service tel que mérite le bon traictement que le Roy
leur faict, leur ayant augmenté leur solde jusques à
50 livres par quartier dont mesme il leur fait faire
advance :

Advisera mondit S^r d'Aumale avec Messieurs de la
Rochepot et de Chastillon et autres cappitaines et gens
de bien qui sont par dela tous les moyens qui pourront
servir pour offencer et endommager l'ennemy et retenir
en seureté les fortz que ledict seigneur a audict pays.

Et adfin que sy la necessité des affaires requeroit faire levée de plus grandes forces que celles que ledit Seigneur a de present audit pays on en soit promptement secouru, ledict seigneur mande aux cappitaines des légionnaires du pays de Picardie et Normandie, contenus au mémoire qui en est semblablement donné à Mgr le Duc d'Aumale qu'ils s'asseurent de leurs gens jusques au nombre de 4,000 hommes affin de les mettre sus, sy tost qu'on leur fera sçauoir, tellement que sy mondict S^r d'Aumale voit quil soit besoing de faire lever, leur fera sçavoir pour y satisfaire incontinent.

Verra en quel estat sont les fortz dudict pays de Boulenois, quelz vivres il y a en chacun d'iceux et signamment dedans ambleteuil, quelle dilligence faict Montpellé pour y en faire mener, quelles réparations ont esté faictes esdicts forts depuis le partement du Roy dudit pays jusques à present et semblablemant en quel estat est la basse ville d'Ardres affin que le Roy ayant ouy le rapport qui luy en sera faict Il y fasse prouvoir.

Sçaura de Salcède quel ordre il a donné pour faire l'amas et provision des vivres quil est tenu fournir par ses marchez tant pour la nouriture et l'entretenement des forces du Roy que pour l'envitaillement des places dont Il a la charge Et luy fera entendre combien il est necessaire quil y satisfasse et le dommage qui s'en pourroit ensuivre aux affaires du Roy s'il y trouvoit faulte ou retardement.

Passant par les villes de Picardie il sçaura particulièrement des maire et eschevins d'icelles quelle quantité de farines et vins ilz pourront fournir pour la

nourriture du camp que le Roy mettra sus en Boulonnois l'esté prochain et jusques à quels lieux ils
pourront faire conduire leurs munitions.

Et pour ce que ledit seigneur a cy devant escrit au
mayeur et echevins de la ville d'Amyens de faire
mettre en farine jusques à cent muidz de bled et à
ceux d'Abbeville 50 pour le secours de ses forts de
Boullenois, mondit S^r d'Aumale passant par lesdites
villes sçaura quelle dilligence Ilz y ont faite, quelle
quantite desdites farines Ilz ont ja fourny et livré, ez
mains de qui Et ce quil en reste à fournir pour y sas-
tisfaire incontinant.

Et generallement advisera ledict duc d'Aumale sur
toutes choses quil cognoistra concerner le bien et
aduantage du service du roy et la seureté de ses places
et de ses forces qu'il a par dela, selon l'entière et parfaicte science (*lire*: fiance) que ledit seigneur a en luy.

Dauantage fera venir par deuers luy La Fontaine
pour entendre de luy ce quil a faict en execution de
la commission qui luy a esté baillée pour le faict des
vivres Et ordonnera aux munitionnaires des places
quils gardent l'ordre à fournir et tenir plains leurs
magasins ainsy qu'ils ont promis au Roy.

Faict à St-Germain en Laye le 2e jour de x^{bre} L'an
1549.

Sy mondict S^r daumalle a quelque moyen de retirer
des Italiens et autres estrangers qui sont dedans Boulogne Il le fera et en retirera au service du Roy le
plus qu'il pourra.

HENRY (1).
Bourdin.

(1) Pièce citée par M. A. Henlard dans son ouvrage sur
VILLEGAGNON, p. 49.

Le duc d'Aumale partit de la cour avec les ordres cy
dessus et s'estant rendu en peu d'heures au camp
deuant Boulogne et ayant veu la disposition du siège
et du logement des trouppes du Roy y remarqua cer-
taines choses à faire sur lesquelles néantmoins Il
voulut avoir l'advis des principaux capitaines de l'armée
et le faire porter au Roy pour y ordonner. Voicy la
résolution qui fut signée de tous ceux de l'assemblée :
Les cappitaines cy dessoubz signés sont d'auis que le
Comte Rhingrave avec ses bandes doit encore demeurer
au camp du Collonnel. Ludovic, leurs troupes tousjours ensemble, jusques à ce qu'on voye quelz autres
préparatifs les ennemys feront, ou que le roy ayt dé-
claré son vouloir et intention sur ce que le s^r destrée
luy fera entendre de la commodité dudit camp auquel
toutesfois Ils ne sont d'advis quils demeurent davantage sil ne plaist audit seigneur declarer sy son
intention est de voulloir faire ses forces sy gaillardes
que sy les ennemis marchent, on les puisse com-
battre avec l'auantage que peuuent prendre gens de
guerre. Et là où il ne voudroit mettre autres forces
que celles desdicts lanquenets, semble ausdicts cappitaines avoir veu un logement en la montagne près
le mont Lambert qui leur sera advantageux. Ainsy
que ledict s^r d'Estrée luy declarera plus amplement
par le menu et en attendant sa reponce on fera deuoir
de mettre dedans Ambleteuil le plus de vivres que se
pourront recouurer auec les muletz et chevaux qui
sont icy.

Faict au fort de Boulogne le mecredy 11e jour de
x^{bre} 1549 : signé: FRANÇOIS DE LORRAINE, CLAUDE DE
LORRAINE, PH^e RHINGRAF, COULLICNY, CRÉQUY, F. DE

Coulligny, Senarpont, Rouault, Martin du Bellay,
d'Estrées, Sipierre, Rabodanges, de Brolly, Pre-
long.

B. N. *Fr.* 2077. f⁰ 33-34. (Copie du xviiiᵉ s.)

LIII

1549 20 xᵇʳᵉ.

Marché passé par Jehan de Montpelé, mᵈ demᵗ à
Dieppe, pour faire construire de neuf 2 gallions en
forme de Roberges, du port chacune de six vingt tonneaux de morte charge... prestz à naviguer et faire
voile en mer dedans le xvᵉ jour d'avril prochain....
moyennant le prix de 8,000 liv. ts...

BOURDIN.

B. N. *Fr.* 18,153. f⁰ˢ 136 v⁰ 137.

1549 26 xᵇʳᵉ

Marché passé par Gabriel de Bures, mᵈ demᵗ à
Dieppe, pour bastir ung gallion en forme de Roberge
du port de iiiˣˣ tonneaux de charge morte... prest à
naviguer dedans le xvᵉ avril prochain... moyennant
5,500 liv.

BOURDIN.

Ibid. f⁰ˢ 138-139.

1549 26 xᵇʳᵉ

Marché passé par Fᵒⁱˢ Leclerc, capⁿᵉ de l'un des navires du Roy, pour construire une roberge du port de
80 tonneaux prest à naviguer dedans le 15 avril prochain... moyennant 3,500 liv. ts.

BOURDIN.

Ibid. f⁰ˢ 139 v⁰ 140.

1549 26 xᵇʳᵉ

Marché passé par Marin de Marcille, sʳ de Launay

pour construire une roberge de 80 tonneaux prest à
naviguer dedans le 15 avril prochain... moyennant.....
3,500 liv. ts.

    Ibid. f⁰ˢ 141-142.

    1549 8 janvier.

    Marché passé par Jehan Rotz, marchant à Dieppe
pour construire une galeace en forme de Roberge du
port de 200 tx de morte charge, prest à naviguer pour
le xv avril prochain .. moyennant 7,500 liv. ts.

    Ibid. f⁰ˢ 144-145

    Ces marchés sont cités en note par M. Hulard dans
son VILLEGAGNON p. 49.

LIV

Lettre pour la munition d'Ambleteuse

1549 22 xᵇʳᵉ

    François de Montmorency, sgr de la Rochepot, chlr
de l'ordre du Roy nostre Sire, cappitaine de 50 hommes
d'armes de ses ordonnances, Gouverneur de Paris,
Isle de France et lieutenant general pour ledict sᵣ ès
pays de Picardie, Arthois et Bolonnois en l'absence
de Monseigneur le duc de Vandosmois, a nostre cher
et bien aymé Guy de Bracuel, sᵣ de Borran, et commissaire ordinaire des guerres, Salut. Comme Il soit
de besoing et requis promptement et en toute dilligence faire recouvrer et achepter une bonne quantité
de bois, foing, gerbées, avoyne et charbon de bois Et
iceulx faire mener et conduire dedans la ville d'Ambleteuil pour munir d'icelles especes de munitions ladicte ville et servir aux gens de guerre tant de cheval

que de pied y estans en garnison pour le service du
Roy nostre dict s^r, Pour faire lequel recouvrement et
amas, ensemble ordonner du paiement de l'achapt
desdictes munitions et voitures d'icelles tant par terre
que par mer, soit à l'occasion des autres empeschemens
où sommes ordinairement occupez pour le service
du Roy nostre dit s^r, Requis et necessaire commectre et depputer aucun personnaige seur et feable
au Roy nostre dit s^r et à nous et en telz affaires ex-
perimenté, sçavoir vous faisons que pour lentiere et
parfaicte confience que avons de vostre personne et
de voz sens, suffisance, loyauté, preudhommye, experience et dilligence Vous avons, en vertu du pouoir
à nous donné par le Roy n^e dict s^r, commis et depputé,
commectons et depputons par ces presentes Pour et
au lieu de nous recouvrer, achapter et amasser telle
quantité de bois, foing, gerbées, avoyne et charbon de
bois que pourrez en dilligence et au meilleur et raisonnable pris recouvrer Et d'iceulx faire les pris et
marchez, ensemble des voitures qui seront pour ce
requises et necessaires faire, tant par terre que par
mer pour les rendre dedans ladicte ville d'Ambleteuil
Et de toutes lesdites parties expedier roolles, cahiers,
ordonnances et certiffications pour servir à l'acquit de
celluy ou ceulx qui auront faict et feront lesdicts payemens lesquels seront de tel effect et valleur comme si
par nous mesmes avoient esté faictz et expediez Et
generallement faire en ceste présente charge et commission, ses circonstances et appendences tout ainsi
que ferions et faire pourrions si present en personne y
estions. En mandant par ces mesmes presentes aux
justiciers et officiers du Roy n^{re} dict s^r que à l'execu-

tion d'icelles Ils vous prestent et donnent conseil, con-
fort, ayde et *prisons* si mestier est. En tesmoing de ce
Nous avons signé ces presentes de nostre main et fait
sceller du scel de noz armes le 22ᵉ jour de decembre
l'an 1549.

F. DE MONTMORANCY.

Cachet empreinte.

B.N. *Pièces orig.* 2031. pièce 106. In fol. parch. obl.

(La pièce étant collée on ne peut plus voir l'adresse).

LV

Attestation de Nicolas de Villegagnon

Au sujet d'une avance faite à deux Capitaines
de Gallions
pour la défense d'Ambleteuse

Nous, Nicolas de Villegaignon, chevalier de l'ordre
Sainct Jehan de Jhérusalem, cappitaine et ayant la
super Intendance pour la conduicte des Gallaires et
autres vaisseaux de mer estans pour le seruice du Roy
nostre sire en la couste de Boulonnoys, Certiffions a
Nosseigneurs les gens des comptes du Roy nostre dit
sire et aultres à qui Il appartiendra Que en satisfaisant a sen voulloir, auons au moys doctobre dernier
passé, verballement accordé par pris et marché Aux
cappitaines Sainct Saulueur et la Roche cappitaines
des deux gallions dicelluy Sire Dentretenir dedans
chacun desdictz gallions trente hommes tant mariniers
que officiers et gens d'artiffice, pour la conduicte et
deffense diceulx (oultre le nombre des gens de guerre

quil plaira audict sire y mectre de renfort) Ensemble
equipper et munir iceulx gallions affin de s'en seruir et
ayder pour le seruice du Roy nostre dict Sire En tout
ce quil luy plairoit commander Et mesmement pour
aduitailler la ville Dambletheuil Et les fortz denuiron
Nagueres conquis par icelluy Sire ou pays de boulonnoys Et ce à commencer du moys de nouembre aussi
dernier passé A raison de trois cens soixante liures
tournois par moys pour chacun gallyon Qui seroit la
somme de sept cens vingt liures tournois pour ledict
moys Pour a quoy satisfaire a cause quil ny auoit
deniers ordonnez pour cest effect Et que la chose
estoit necessaire et dimportance, fust en nostre presence payé et aduancé ausdictz cappitaines Sainct
Saulueur et la Roche par le commandement de messire
Gaspard de coulligny seigneur de Chastillon sur loing
cheualier de l'ordre du Roy et son lieutenant general
oudict pays de Boulonnoys En labsence de Monseigneur le duc de Vandosmoys et monseigneur de la
Rochepot, par le commis au payement des repparations
et fortiffications de ladicte ville damblethueil la somme
de deux cens soixante et dix escuz dor soleil, vallans
six cens sept liures dix solz tournois A desduyre et
rabattre sur ladicte somme de sept cens vingt liures
tournois pour leur sallaire dudict moys de Nouembre,
Durant lequel et partie du moys de decembre ensuy-
uant, Ilz ont esté emploiez au seruice du Roy nostre
dict Seigneur. Desquelles choses M^e pierre de la grange
notaire et secretaire du Roy nostre dict seigneur et
tresorier general des repparations fortiffications et
aduitaillemens des villes chasteaulx et places de frontiere des pays de picardie, Boulonnoys et arthois ou le

dict commis à Amblethueil Nous a requis la presente
certiffication ponr seruir a la reddition des comptes
dudict de la grange et partout aillieurs ou il appartiendra. Laquelle en tesmoing de ce Nous auons signée
de nostre main Et faict sceller de nostre scel le vingt
deuxiesme jour du moys de decembre lan mil cinq
cens quarante et neuf.

N. DE VILLEGAIGNON (1).

(Original. 1 f. in fol. obl. velin. Archiv. A. de Rosny).

LVI

1549 2 janv.

Lettre de M. de Chastillon à M. de Béquincourt (2)

Monsieur de Béquincourt, j'ai a ce soir reçeu votre
lettre avecques celle que m'avez envoyée de M. De
Telligny auquel j'ai fait response que je vous prie lui
faire tenir. J'ay été fort aise d'entendre par vosd.
lettres que vos gens aient pris ce matin une senti-
nelle des Anglois : je ne vous manderay pour cest
heure autre chose sinon que je vous prie vous trouver
demain sur le passage de Sellac sur les dix heures du

---

(1) Villegagnon (Nicolas Durand de), chevalier de Malte,
vice amiral de Bretagne qui prit part à l'expédition de Charles
Quint contre Alger, ramena Marie Stuart de Dumbarton en
France, et fonda une colonie de réformés a Rio-de-Janeiro, né
à Provins en 1510, mort à Beauvais en 1571.

Il est auteur de : *De Bello Melitensi et ejus eventu Francis
imposito ad Carolum Cæsarem V. Nicolai Villegagnenis
commentarius. Parisis 1553 in 4°*, ou *Traité de la guerre
de Malte et de l'issue d'icelle, faulsement imputée aux
François: A l'empereur Charles V. Par le chevalier (Nicolas) de Villegaignon. Paris 1553 in 4°*.

(2) Lieutenant de la compagnie de Mr le Dauphin.

matin et y faire bien descouvrir devant vous, estant
là arrivé si vous y êtes plus tot que moy, envoyez un
archer des vôtres pour m'advertir : il faudra que vous
ameniez toute la trouppe que vous avez avecques vous
au Mont Lambert et celle de M. de Morvillier... Escript
à Amblethueil le IIIe jour de janvier 1549.

Votre antierement bon allié et amy.

CHASTILLON.

B. N. *Fr. Nouv. Ac*on 7702. p. 4.

LVII

1549 8 janvier.

Instruction aux depputez

QUE LE ROY ENVOYE EN PICARDIE POUR LA REDUCTION
DE BOULLONGNE AU MOIS DE JANVIER 1549.

*Instructions au s*r DE LA ROCHEPOT *chr de l'ordre,
gouv*r *de Lisle de France et l*t *gen*al *du Roy ès pais de
Picardie ;* DE CHASTILLON *aussy ch*r *de l'ordre et l*t *ge-
n*al *au pays de Boullonoys en l'absence dudit s*r *de la
Rochepot et collonel des gens de pié françois ;* DU MOR-
TIER *con*er *du Roy en son Conseil privé et* Me GUIL-
LAUME BOCHETEL, *con*er, *secretaire des finances et gref-
fier de l'ordre, de ce qu'ils auront à traiter et négocier
avec les ambassadeurs d'Angleterre.*

Et premierement ·

Le Roy veut et entend que ses Ambassadeurs mettent incontinant fin à cette négotiation sans tirer la
chose en longueur afin d'oster tout moyen aux Anglois
de s'en prevaloir soyt envers leurs subjets ou autres.

Et à ceste fin pour abreger l'affaire le Roy sera

content que ses ambassadeurs commencent et mettent
en avant comme, suivant ce qui a esté advisé entre
leurs Majestez, ils sont venus pour traicter de la reddition de Boulongne avec une bonne paix entre le Roy
leur maistre et le Roy d'Angleterre et pour declarer
en deux mots l'intention de leur M^{tre} c'est quil désire
vivre en bonne paix et voisinance avecq le Roy d'Angleterre, moyennant qu'il luy face restituer sa ville de
Boullongne, pour laquelle restitution le Roy sera con
tent luy païer une somme raisonnable, equipollente
à ce quils luy restitueront.

Et si les Angloys mettent en avant, comme il est
vray semblable quils feront, que le chemin de la paix
et restitution de Boullongne est tout ouuert par led.
traicté fait entre les feuz Roys et que ledit traité est
perpétuel, fait pour eux et leurs successeurs et consequemment que l'obligation dure toujours et quil ne
fault que l'exécution, à quoy ils sont prests.

Le Roy veut que ses ambassadeurs entendent que
son intention n'est point d'entretenir ne suivre ledit
traicté, encores que les Angloys tinssent aujourdhuy
tout ce quils souloient tenir tant en Boullenoys que en
Escosse. pour estre leur traicté trop desavantageux
pour luy et pour sa couronne et aussy que l'exécution
d'icelluy en 2 points est non seullement très difficile
mais impossible du tout, demeurans les Angloys ès
termes quils ont toujours tenus jusques icy.

Partant on leur couppera tout court ce chemin, leur
faisant entendre quil faut traiter tout de nouvel et que
le Roy entend et n'est obligé suivre ledit traité pour
plusieurs raisons : En premier lieu il n'a confirmé ne
eu pour agréable led. traicté de paix. Secondement

led. traicté a été en plusieurs façons violé et rompu par les Angloys et par ainsy n'ayant été de leur part observé, ains notoirement enfrainct le Roy de sa part aussy n'est tenu de l'observer et de l'infraction faicte par les Angloys assez appert tant pour avoir envahy le Royaume d'Escosse, prins aucunes villes et plusieurs chasteaulx audit Royaume et y avoir faict maints grands dommaiges et déprédations par voye de guerre et hostilité contre la teneur du dit traicté, ouquel les Escossoys sont comprins, que pour avoir continuellement depuis trois ans en ça pillé et déprédé les subjectz du Roy, prins et emmené les navires et les hommes sans jamais en avoir voulu faire restitution ne ouverture de justice et y a plusieurs Angloys qui en justice ont dit et depposé par devant les officiers du Roy quils avoient eu congé par escript pour ce faire du protecteur d'Angleterre et quil bailloit congé à tous les Anglois qui le demandoient de courir sus aux Françoys et de les grever et endommaiger le plus quils pouroient.

Davantaige il est tant notoire que depuis le traité de paix, ils ont encommancé et parachevé les fortiffications de la Dunette. et tout ce qui est de fort au port de Boullongne contre le traicté.

Et encores qu'on voulut garder d'une part et d'autre ledit traicté de paix, si est-ce que la chose est maintenant reduite à l'impossible de la part des Angloys, pour ce quils ne sçauroient restituer les choses quils sont tenuz rendre par ledit traicté, ne possédant plus rien en Boullenoys, fors la ville et ce qui est entre lad. ville et la Tour d'ordre, par ainsy il est de nécessité venir à nouvel traicté.

Or ce point vuydé, les Anglois pourront mettre en avant que au pis aller les partyes demoureront en l'Etat quelles estoient auparavant led. traicté et en semblables droicts et que partant Il faut maintenant disputer de ce qui leur étoit dû, lors dudit dernier traicté et conséquemment leur satisfaire de ce qui se trouvera leur être dû par les traictez précédens ledict traité.

Sur quoy faut noter que le summaire de toutes leurs demandes, querelles et prétensions consiste en ce qui s'ensuit, c'est a sçavoir quils dient quil est deu au Roy d'Angleterre à cause du traicté de l'an v^e xxv Deux millions d'or ou environ paiables en 20 ans, et si à la fin des 20 ans il est encore vivant lui sera dès la en avant payé durant le cours de sa vie seullement la somme de 100,000 escus chacun an par forme de pension.

Sur ladite somme de 2,000,000 luy ont esté paiez 9 années et demye seullement, et soyt ici noté que de ladite pension viagère montant 100,000 escus par an est escheüe une année dès le 1er jour du mois de novembre 1545.

Oultre ce est deu par le traité de la paix perpétuelle fait lan v^e xxvii une pension à tousjours de 50,000 escuz couronne d'une part et 10,000 escuz, à quoy est réduite la pension du sel de Brouaige d'aultre part qui font en tout 60,000 escus de pension annuelle paiable jusques au bout du monde, de laquelle pension de L M escuz le premier paiement debvoit commencer après la mort du Roy d'Angleterre dernier decedé, et au regard de la pension du sel réduite et commuée pour le cours de la vie du feu Roy d'Angleterre en

10,000 escus sol. de pension annuelle, elle a esté payée depuis ledit traicté de l'an v^c xxvii jusques en l'an v^c xxxv que commencèrent les guerres entre l'Empereur et le feu Roy.

Pour subvertir toutes lesd. demandes, sera repondu que le traité de la pension perpétuelle qui est de l'an v^c xxvii, et dont le premier paiement doit estre commencé après sa mort, est résolu par sa fautte et coulpe et est demeuré de nul effet et obligation car led. traicté recour à icelluy et aux autres traictez correlatifz est fondé sur deux causes : la 1re et principalle c'est la promesse quil fait pour luy, ses hoirs et successeurs de ne troubler le Roy ny ses successeurs ès choses quil possède. La seconde est la promesse quil fait de contribuer à l'offension contre l'empereur, jusques à ce que la dellivrance de Mess. les enfans du Roy soit faitte ou que le Roy en soit d'accord avec l'empereur.

Or est l'exécution desd. 2 choses requise devant quil puisse dire ladite pension perpétuelle luy estre deue.

Or combien quil ait satisfait à la contribution de la guerre offensive sellon les traitez comme à la vérité il en a recongnoissance et quittance en forme très bonne et très ample, si est-ce que aïant envahi le Roy en son royaulme ès années 42, 43 et 44 Il a enfrainct manifestement ledict traicté de paix et pension perpétuelle

Et si l'on dit que la guerre a esté juste, pour ce que lors luy estoient deues 7 ou 8 années des payemens que lon devoyt faire pour l'acquit des 2 millions d'or. Leur sera respondu que oultre ce quils ne sçauroient faire apparoir d'un refus absolu de païe-

meni, si est-ce que justement il leur pouvoist estre
reffusé pour ce que par le traicté de l'an 1525 qui est
le traicté qu'ils prétendent avoir esté par nous enfrainct, le feu Roy d'Angleterre étoit tenu secourir le
Roy s'il estoit troublé ou envahy en la possession de
ses pays recours audict traicté, ce qu'il ne voullut
faire, encores quil en eut esté sommé et requis lorsque l'empereur vint envahir la france avec 2 armées
l'une en provense ou luy mesme estoit en personne,
l'autre en Picardye ou étoit le comte de Nassau, qui
est environ le temps qu'ont cessé les paiemens. Larc-
quisition (*sic*) du secours a esté faitte tant par M. de
Terves ambassadeur pour lors du Roy en Angleterre que par le Roy mesme, parlant à la personne de
l'evesque de Wincestre, lors ambassadeur en france
dudit Roy d'angleterre : pareille requisition a esté
faitte par plusieurs fois audit Evesque de Vincestre,
par M, le Connestable.

Et fault noter en cest endroit que combien que par
troys principaulx contrats l'un de l'an 1518, l'autre
de 1525 et le tiers de 1527, le Roy d'Angleterre soit
obligé au Roy pour la deffense de son Royaulme, si
est-ce quil ne se fault aider en cest endroit que
du traitté de l'an 1525 qui est le mesme traicté sur
l'infraction duquel les Angloys fondent la guerre
offensive faitte par eulx, car quant aux traitez de
l'an 1518 et 32 l'Anglois se peut facilement sauver
recours à eux.

Et soyt noté en cest endroit que le traicté de l'an
1527 porte nommément que c'est sans innovation des
traités precedens et quils demourront en leur force
et vertu, par quoy le Roy d'Angleterre peut être val-

lablement combattu dudit traicté de l'an 1525 et luy mesme ne combat que de l'infraction dudit traitté.

S'ensuit de ce que dessus que si le Roy a peu licitement reffuser le paiement de ce qui estoit deu, par led. traicté de l'an 1525, comme à la vérité il l'a peu faire pour les raisons que dessus, que la guerre de l'angloys est injuste, si elle est injuste le Roy est quitte de la pension perpétuelle qui est fondée sur la promesse de l'angloys de ne faire jamais la guerre en France et aussi des impenses et dommaiges de la guerre et que au contraire l'angloys doibt au Roy lesdits impenses et dommaiges qui montent trop plus que ce quy luy reste deu par le traicté de l'an 1525 et par ainsi ses demandes (seront) subverties.

Et si de la part des Angloys est dit que le dernier traicté décide assez ce qui leur est deu et que partant il ne faut plus refricquer (*sic*) ne disputer si justement cela leur est deu ou non.

On leur respondra quil faut prendre led. traicté comme non advenu ayant été viollé et résolu par leur fait et coulpe et ainsi qu'on ne se peut prevaloir ny aider d'un contract ou traicté qui seroyt nul, aussy on ne peut vallablement soy aider ny funder aucun droit sur ung contract ou traité résolu et adnullé comme est led. traicté de paix et d'advantaige les sommes qui sont promises par led. dernier traitté sont accordées plus en contemplation des choses quils promettoient rendre et restituer què pour fondement quil y eut aux demandes quilz faisoient touchant les dettes et arreraiges de pension par eulx pretenduz, or maintenant ils ne peuvent rendre les choses par eux promises comme il a esté dict cy dessus et conséquemment ils ne peuvent aussy demander les sommes accordées pour cest effect.

Pour résolution du vouloir et intention du Roy les Ambassadeurs entendront que led. S^r sera contant quils puissent accorder aux deputez du Roy d'Angleterre jusques à la somme de 300,000 escus sol. païables contant et à ung seul payment, moyennant que la ville de Boullongne et les forts adjacens tenus par lesd. Angloys luy soient rendus avec les munitions de guerre y estans et aussy que les places et forts conquis et occupez par les Angloys ou Royaume d'Ecosse depuis le trespas du feu Roy luy soient renduz et oultre que ledit s^r demeure quittes de toutes debtes et pensions prétendües par le Roy d'Angleterre, tant à cause du traité du Morc fait et passé en l'an v^c xxv que aussy du traité de la paix perpetuelle passé en lan 1527 et que davantaige le Roy d'Angleterre face abattre et demolir les fortz quil a puis nagueres fait construire en l'Isle dorigny, moyennant laquelle demolition le Roy sera aussy content de faire demolir les forts nouvellement construits en l'isle du cerf, sans ce que les ungs ny les autres y puissent desormais fortiffier.

Et ou les depputez du Roy d'Angleterre feroient difficulté de vouloir traiter du quittemeut de tout le contenu esdicts traittez de l'an 1525 et 1527 le Roy sera content que pour la restitution de Boullongne et fors adjacens avec les munitions de guerre leur soyt promise et accordée la somme de 150,000 escus d'or sol(eil) compt(ant) paiab(les) à ung seul payement, et au surplus que le Roy d'Angleterre demoure entier en tous ses droits et pretensions à cause desdits

traictez 1525 et 1527, demourant aussy le Roy entier
en ses droits, deffenses et exceptions au contraire.

Et sera content le Roy que en tous les 2 cas des-
susdis et moyennant la restitution de Boullongne
comme dit est, soit traité et accordé le mariage d'entre
le Roy d'Angleterre et Mad. Elizabeth, sa fille aynée,
lequel mariage lesd. Ambassadeurs tiendront en la
plus grande reputation qu'ils pourront comme à la
vérité il mérite bien d'y estre tenu.

Pour l'effet duquel mariage et en faveur d'icelluy le
Roy est contant que dès la 1ere offre leur soit offert
la somme de 200,000 escus sol., et si les ambassadeurs du Roy d'Angleterre incistent à ce que plus
grande somme soyt baillée, le Roy sera contant qu'on
s'eslargisse jusques à 300,000 escuz et oultre tout ce
que dessus ledit S^r sera aussi content si ses ambassadeurs voyant que cela puisse servir à la conclusion
du traité, qu'ils offrent une pension annuelle de 50,000
escus d'or païable aud. Roy d'Angleterre durant la
vie de ladite dame Elizabeth de France, à commencer
le 1er paiement incontinent après le mariage con-
sommé, touttes foys pour 1ere offre de lad. pension, si
tant est qu'ils congnoissent quelle puisse servir, elle
sera mise à la somme de 25^m escus et se garderont
bien lesd. Ambassadeurs du Roy pourparlans dud.
mariage d'entrer en aucune difficulté de ce que led.
Roy d'Angleterre et ses subjetz ne sont obéissans à
l'Eglise Romaine, et si d'eulx mesmes ils venoient à
toucher ce point, leur sera respondu comme de chose
à quoy le Roy ne se veult arrester, saichant que led.
Roy d'Angleterre est de sa conscience responsable à
Dieu et aussi que parvenu en aage Il sçaura bien

eslire ce qui lui sera salutaire et utille. Et ou cas que l'on soit d'accord de la restitution de Boullongne, par ung mesme moyen pourra estre accordé de l'exécution dud. traicté soubz les 2 formes qui s'ensuivent : c'est assavoir : Que le Roy asseurera le Roy d'Angleterre par lettres de bancque en forme de depost à son contentement dedans la ville de Londres de la somme à quoy aura esté convenu païable icelle somme aud. Roy d'Angleterre en fournissant par luy aux M. Banquiers recongnoissance du Roy ou de son lieutenant, comme ladite ville et forts et munitions de guerre auront esté renduz en ses mains ou bien que le Roy concignera Royalement et de fait la somme qui aura esté accordée ès mains de la seig. de Venize laquelle sera tenue promptement la delivrer au Roy d'Angleterre, faisant par luy apparoir comme la dite ville et forts construits seront parvenus ès mains du Roy suivant le traité.

Fait à Fontainebleau le viiie jour de janvier 1549.

BIBL. NAT. *Nouv. Acq*ᵒⁿ 7702, pp. 142-155.

LVIII

Lettre de Chastillon au Roy

1549 17 janvier.

Sire suivant ce quil vous a plu me mander par le sʳ de Beaudiné que j'eusse à sçavoir l'intention du conte Reingraue sur la leuée que vous entendez faire maintenant d'Allemans ; Je l'ay faict venir en cette ville cy. Et après luy avoir faict entendre comme vous le voulliez bien et favorablement traicter Et que devant

que d'en parler plus avant vous voulliez bien sçavoir
de luy s'il voudroit fayre ceste leuée nouvelle, laissant
les enseignes quil a en Escosse à Requrot, ou bien
que les retenant à luy vous bailleriez audict Requrot
ceste dicte levée. Sire oultre la responce que ledict
conte vous faict par une lettre que presentement je
vous envoye Il m'a encores pryé vous faire sçauoir
qu'il ne luy seroit pas honnorable d'avoir conduict des
gens hors de vostre Royaulme pour les habandonner
maintenant Et qu'il n'en auoyt pas meilleur bruict
entre ceulx de sa nation qui penseroient quil les eust
habandonnez pour occasion qui ne tourneroyt poinct
à son advantaige. Touttes fois, sire, sa resolution est
quil se remect ad ce quil vous plaira luy commander
et ce que Vous estimerez estre de plus important
pour vostre service, Se tenant pour asseuré que vous
regarderez à luy faire conserver son crédit avec ceulx
de sadite nation dont Il faudra qu'il s'ayde pour vostre
dict service. Et pour ce que ledict sr de Beaudyné m'a
dict que vostre intention estoit lever jusques à sept
enseignes d'allemans, Ledict conte aussy sur ce m'a
pryé vous faire entendre que sy vous aviez volunté
d'en faire leuer jusques à sept Il vous vouldroict sup-
plier luy en voulloir donner les troys et Rocqurot pourroict avoir les 4 autres, affin qu'il soict myeulx accom-
paigné pour avoir plus de moyen de vous faire service,
Et que par là où il vous plairoyt envoyer en Escosse
quelqu'un, si c'estoit luy, Il pourroict laisser sept enseignes de deça en garde audict Requrot tant que
vous le y vouldryez employer. Sy aussy vous trou-
uiez meilleur d'y envoyer ledict Requrot, les enseignes quil auroict pourroient demourer en garde audict

Conte, Et prandre celles qui sont de delà. En cela Sire
il se remect du tout à vostre voulloir ayant entierement desdyé sa vye à vostre dict service.

Sire, depuis la depesche que je vous ay faicte par
Bap(tis)te vostre truchement, j'ay faict avec Salcede
quil mectra dedans la grange d'admonition que je foys
faire pour vous au camp des Allemans, des farines et du
vin pour ung moys, pourveu qu'il puisse faire cuyre du
pain desdictes farines Et que au pris quil en prandra
Il y en remectra d'autres affin d'avoir ceste advance
pour s'en prevalloir en quelque nécessité qui peult
survenir, ce que je luy ay a(c)cordé comme choze bien
raisonnable. Depuis ladite depesche je n'ay rien
entendu de nouveau de noz voisins, car les advertis-
semens que j'ay ne conferment ce que desia je vous en
ay mandé. Je m'en iray demain couscher au fort pour
veoir là et au Mont Chastillon les admonitions que le
dist cappitaine Salcede y a mises, desquelles Il m'a
dict y avoir ung bon nombre de ce quil est tenu y
fournir Et que le reste dedans peu de jours y sera. Je
m'en retourneray de là à Amblethueil pour estre plus
près des ennemys affin d'en entendre plus souvent
des nouvelles dont je ne fauldray à vous advertir.

Sire je supplie le createur vous donner en parfaicte
santé très bonne et très longue vye. De Monstreuil ce
xviie jour de janvyer 1549.

Sire en voulant fermer ceste lettre Il m'est arrivé
deux hommes, qui me servent venans de Calays et de
Guysnes, et du lieu où sont logez les Anglois dedans
la terre d'Oye, qui m'ont dit qu'il n'est poinct de
bruict qu'ilz en deslogent et attendoyent encores quelques gens quilz dient avoyr esté arrestez à Contor-

bery, pour craincte qu'ils ont que les émotions se renouvellent dedans le Royaume d'Angleterre. Et se tient pour certain quil fauldra faire repasser des forces qu'ils ont par deça pour obvier aux inconveniens qui pourroient survenir de dela. Car ilz doubtent que les dites émotions soyent plus grandes quelles n'ont encores esté. Les vivres, ad ce qu'ils m'ont compté rencherissent fort audict Calays. Il est vraye que les gens de guerre pour ceste heure ne s'en sentent gueres A raison qu'ils vivent à la taille. Tout le pays d'Oye est fort ruyné et sans la faveur qu'ilz ont des pays de l'empereur Ilz seroient bien en plus grande extremité. Il se faict bien des deffences generalles oudict pays que l'on n'ayt à porter vivres ny a voz subiectz, ny aux Angloys, et ceulx qui en portent de deça sont bien rigoureusement chastiez, mais non ceulx quy en portent ausdicts Angloys. De sorte, Sire, que nonobstant toutes les belles parolles que le dit empereur et ses ministres vous donnent Ilz portent toute la faveur quilz peuvent aux Angloys. L'ung de ceulx cy, desquelz je vous parle, qui est flamant, m'a dict que une des plus grandes crainctes que ayent ceulx de sa nation C'est que vous ayez la paix avec lesdicts Angloys. Il revint hier au soyr ung prisonnier de Boullongne qui y a esté l'espace de troys moys qui m'a asseuré avoyr veu charger dedans des navires bien trente pièces d'artillerye de fonte et que au lieu de celle là Ilz en mectent de fer, Je luy ay demandé sil sçauoyt poinct l'occasion pourquoy. Il dict que c'est quilz s'attendent et tiennent pour asseurez d'avoir paix avecques vous par le moyen d'un mariage. Mais je ne trouue pas vraysemblable quils emportassent ladicte artillerye si tost Car Ils ont assez de moyens de ce faire en plus grande necessité. Si ay-je entendu par ung autre quil a veu troys pieces d'artillerye audict Calais qui estoient venues de Boullongne que l'on avoyt remontées là. Je ne puis penser aussy que si ce n'estoyt que pour les remonter que l'on ne le feist aussy ayseement audict Boullongne que à Calays. Car il seroit plus aysé d'apporter de la des rouaiges et affustz que de remporter lesdictes pieces. Il est aussi bruict parmi eulx quils ont eu une deffaicte du costé d'Escosse. Mais je n'ay sçeu sçauoir que c'est.

Sire, je viens de recevoir lettres du cappitaine Villefranche par lesquelles Il me mande quil est arrivé à Amblethueil le nombre de ce que vous verrez speciffié dedans les deux estatz que je vous en envoye.

Vostre très humble et obéissant subiect et serviteur.

CHASTILLON.

B.N. *Fr.* 6616. pp. 141-142. - Orig. 2 f. in-fol. pap.

LIX

Lettre de Chastillon à Mgr Anne de Montmorency connestable

1549 22 janvyer.

Monseigneur. J'ay receu la lettre quil vous a pleu m'escripre du XVe de ce moys A laquelle je ne vous ay faict plustost responce tant pour ce que par ma dernière depesche faicte depuis la reception de vostre dicte lettre, Je vous ay amplement fait entendre touttes nouvelles, que aussy pour ce qu'il n'est depuis rien survenu de nouveau Et quant aux poinctz particulliers d'icelle, le premier desquelz fait mention du Guy Dotty, je n'ay point eu de nouvelles de luy, depuis qu'il est passé la mer, si j'en entendz, je le ferai sçavoir A mess^{rs} de la Rochepot, du Mortier et Bochétel, affin qu'ilz s'acheminent vers le fort ainsy que m'escripvez. Je suis très aise, au demourant, que ayez faict de ceste heure partir le commissaire Pommereul pour adviser au remontaige des pièces d'artillerye de deça qui en ont besoing, Quil ayt charge aussy de faire mener à la fonte de Paris les pièces qui y sont esventées pour en fayre faire d'autres, Et que ayez faict deliurer argent pour icelluy remontaige. Mais que le commissaire Duno. lequel vous dictes avoir advisé d'envoyer en ceste place au lieu de Pietre, soit arrivé, je donneray congié audict Pietre pour s'en aller en sa maison comme il vous plaist le me mander.

Au regard des byscuictz dont Villegaignon vous a escript, mais quil soit pareillement arrivé par deça, je luy en feray bailler de ceulx du fort, car aussy bien se gastent-ilz desja, Et de ce quil en prandra j'en feray faire l'apretiation. Laquelle je vous envoyeray. Ledict Villegaignon, comme j'ay peu veoyr par vostre dicte lettre, vous a mandé qu'il estoyt prest à partyr Et que si l'on veult Il se mectra en effort de combler de nouveau le port de Boullongne Esperant d'y faire en telle sorte que les Angloys ne le pourroyent descombler, En luy tenant seullement escorte une marée. Je ne puis veoyr de quelle façon il entend en sortir a son honneur. Car je trouve ceste choze plus difficille que jamais. Que s'il ne s'ayde en cela d'aultre chose

que de ce que l'on a faict cy deuant Il est impossible
que cela réussisse comme il le dict. Touttes foys j'es-
couteray ce qu'il me vouldra dyre la dessus Et ne tiendra à ladicte escorte ny aultre choze que je puisse
faire que le tout ne s'execute comme Il l'entend. Je
passaye hyer par Estappes venant de Monstreul et
parlay au cappitaine Robinet, lequel me deist avoir
mis les deux hommes dont luy auez escript sur les
deux gallaires que l'on y a laissées Et qu'il donnera
ordre qu'il n'y aura rien de gasté. Vous pouvant asseurer au demourant, que je feray faire de si bonne
heure provision de faulx et fausilles et en telle quantité que si nous avons encores à demourer l'année
qui vient en ce pays Je n'auray poinct de besoing de
demander du foing pour ceste place.

Monseigneur, le cappitaine Baron m'a envoyé le
double d'une lettre que M. de la Rochepot lui a
escripte, laquelle faict mention d'une autre que luy
avez envoyée, contenant le malcontentement que le
Roy et vous avez dudict cappitaine Baron, pour
n'avoir suivy le commandement à luy faict par Monseigneur d'Aumalle, avant son partement de ce pays,
qui estoit de ne faire tirer aux vaisseaulx qui entrent
et sortent au port de Boullongne. Il m'a dict pour
résolution que jamais ledict commandement ne luy fut
faict. Combien qu'il ayt faict tirer le moins quil luy a
esté possible pour n'avoir en sa place que troys ou
quatre piecces dont on se puisse ayder pour tirer ausdicts vaisseaulx. Quant à moy je ne veulx faillir à vous
dyre ce que j'en sens. C'est que quelque chose que
l'on veuille dyre on offence de là si fort ces vaisseaulx
qui s'efforcent de passer (ce que l'on a peu veoir et

congnoistre par plusieurs foys) que l'admonition qui
sen va en cela profficte beaucoup pour le service du
Roy, et a ceste occasion, saichant que sy on cesse
d'y tirer, pour ung vaisseau quil y entre Il y en entre-
royt troys. J'ai commandé audict cappitaine Baron
d'en user comme l'on avoit accoustumé Attendant ce
pourparlé. Le reste sera pour vous dyre que le sr de
Beaudyné s'en va ce jourd'huy à Blacquenay et demain à Ardres. Luy de retour en ce lieu, Je luy feray
bailler memoyres bien amples pour la responce de la
depesche quil a apportée.

Monseigneur me recommandant très humblement à
votre bonne grace je suplye le Créateur vous donner
en parfaicte santé très bonne et très longue vye.

D'Amblethueil ce xxiie jour de janvier 1549.

Monseigneur voulant signer ceste lettre i'ay reçeu
des lettres du Roy et de vous du xixe de ce mois, aus-
quelles ie vous feré cy après responce.

Vostre très humble et très obéissant nepveu.

CHASTILLON.

A Mgr Mgr le Connestable.

B. N. *Fr.* 6616 pp. 143-146. — Orig. 3 f. in-fol.

LX

Lettre de M. de la Rochepot à son frère le Connétable

1549 25 janv.

Monsieur. Je receuz arsoir bien tard une lettre de
millord Clinton Gouuerneur de Boullongne, laquelle Je
vous enuoye affin que voiez s'il vous plaist ce

qu'il me mande de leurs depputez. Je vous envoye aussi la responce que Je luy ay sur ce faict. Qui me gardera vous en faire aultre discours, sinon que Messieurs du Mortier, de Sacy et moy n'auons poinct deliberé de partir de ceste ville, que premièrement le s^r Anthoine Guydotti ne soit venu vers moy Ainsi qu'il m'a promis faire pour regarder du lieu de nostre assemblée, qui sera fin.

Suppliant nostre seigneur, Monsieur, vous donner très bonne et longue vye. Dabbeville le xxvi jour de janvier 1549.

Vostre très humble et obéissant frère.

LA ROCHEPOT (1).

A Monsieur
Monsieur le Connestable (de Montmorency).

Original. Archives A de Rosny.

LXI

Marché de blé pour le Camp

1549 18 janvier.

Furent presens... Jehan du Gard, escr s^r de Fresneville et Anthoine Louvel escr s^r de Fontaines, anciens maïeurs de la ville d'Amyens, ou nom et comme procureurs des maïeurs et eschevins de la dite ville... Ont confessé... avoir faict marché... de faire achapt de 400 muys de blé froment, icelluy blé converty en farines, faire empaster et mener jusques au lieu des fours quil plaira au Roy ordonner pour la monicion

---

(1) Voir dans le Bulletin de la Société Académique IV. p. 116 une lettre du même que M. Bénard aurait bien dû publier intégralement,

du camp quil entend de brief establir et mectre sus en
son pays de boullenoys pour le recouvrement de sa
ville de Boullongne, convertir lesdictes farines en pain
et faire tel devoir que chacun jour lesdits maïeur et
eschevins rendront audict camp le nombre de 20,000
pains, entre blanc et bis, du poix de 10 onces, cuyt et
rassis, durant le temps et espasse de 2 mois ; marché
moyennant l'advance de 10 000 liv. ts...

Passé à Fontainebleau en présence de Christofle
Mollet et Thomas Sadde le 28e janvier 1549.

THORRÉ.

B. N. *Fr. 18153*, f°s 142-143.

LXII

Ordre de paiement de cent muis de vin

1549 12 février.

Gaspart de Coulligny, s^r de Chastillon sur Loing,
chl^r de l'ordre du Roy et son lieutenant general en
pays de Boulonnoys en l'absence de Mgr le duc de
Vandosmoys et M. de la Rochepot A Me Odet de
baillon, commis par icelluy s^r à tenir le compte et faire
les payemens des repparations, fortiffications et advitaillemens des villes, chasteaulx et autres fortz estans
esdictz pays de Picardie, Arthois et Boulonnois, Salut.
Nous vous mandons que des 3,000 liv. ts. naguerres
ordonnez pour emploïer ès repparations et fortifications des fortz estans audit pays de Boulonnoys Vous
païez, baillez et delivrez comptant à Jehan de Poully,

marchant, demourant en la ville de Monstreul sur la
mer la somme de 1,750 liv. ts. Que nous luy avons ordonné et ordonnons par ces presentes Pour son payement de la quantité de cent muys de vin du jaulge et
creu d'Auxerrois Que nous avons achattez d'icelluy de
Poilly Et faict mectre en ladicte ville de Monstreul sur
la mer en rescour et prouision et soubz bonne garde,
dedans deux caues assises au Darnetal de ladicte ville,
l'une appartenant à Jehan debrebant et ferry de
Buyres et l'autre à mariette Gourlayne, vefve de feu
michault. assçavoir en celle desdicts Brebant et de-
buyres 70 muydz et en celle de la vesve michault
30 muydz Et ce pour s'en ayder quant la necessité le
requerra pour le service du Roy nostre dict s^r A raison de 17 liv. 10 s. ts pour chacun muy renduz esdictes caues plaine et çeullez Et par rapportant
cesdictes presentes avec la quittance dudict de Pouly
sur ce suffisante seullement ne que vous soïez tenu
aultrement vous charger ne respondre de ladicte
quantité de cent muys de vin : ladite somme de
1,750 liv. ts. sera passée et allouée en la despence de
voz comptes et rabatue de vostre recepte partout où
il appartiendra sans aucune difficulté En tesmoing de
ce nous avons signé ces dictes presentes de nostre
main Et faict sceller du scel de noz armes Audict
Monstreul sur la mer le 12e febvrier 1549.

C. DE COULLIGNY.

Sceau empreinte bien conservé.

B. N. *Pièces Or. 813*, n" 45 des Colligny. 1 f. p^t in
plano parch.

LXIII

Lettre de Henry II à ses deputez en Boullenoys

13 fév. 1549.

Messieurs depuis mon autre lettre escripte et preste à partir est arrivé le courrier que vous m'avez renvoyé, duquel j'ay reçeu la votre du xie de ce moys contenant la reception des pouvoirs que je vous ay envoyez et pour ce que vous dites ne pouvoir bonnement entendre ce que je vous ay escript par led. courrier de ne bailler aucune coppie de vos d. pouvoirs sinon après le traité conclud, signé et arrêté, il s'entend sinon après tous les articles que vous traicterez, concludz, signez et arrestés, saichant très bien que pour mettre le traicté en forme, ou les traictez, si vous en faictes deux, il faut que les pouvoirs des ungs et des autres y soient insérez, ce qui ne se peut faire sans en baillez coppie, mais pour ce que comme vous sçavez que cest une nation qui dit et se desdit cent fois en une heure, il nest j'a besoing quils ayent riens desdites traictez, sinon quant tout ce que vous aurez negocié ensemble sera hors de doubte d'estre revocqué par eux, joint que je suis adverty qu'ils ne demandent riens tant que d'avoir le double pour l'envoyer à l'Empereur et aussy en Angleterre pour s'en prevalloir envers leur peuple rebelle et que je ne leur veux de rien faire faveur, sinon d'autant que cella pourra servir au bien de mes affaires.

Au demourant j'ay sceu par votre lettre l'arrivée par devers vous du hérault Jartière venu pour recou-

vrer de vous les seurtés des choses que aviez accordées aux deputez Anglois sur le mémoire apporté par
Guidotti, a quoy avez satisfait et aussy de leur accorder la suspention d'armes de 4 jours pour les places
qui regardent Boullongne et celles sur lesquelles
Milord Clinton a puissance, qui a esté très bien faite
pour avancer vostre negotiation, mais venant à vous
assembler et traitant de ladite suspention pour le
temps de sa négotiation il fault mess^{rs}, et je l'entends
ainsy, que ladite abstinence et suspension d'armes
soit generalle pour toutes les villes, places et pais que
eulx et moy avons deça la mer, leur remonstrant que
ayant depulé, vous mes cousins, qui estes les principaux ministres des affaires de la guerre, et pour la conservation de mon pays de dela pour traiter en ceste
negociation il ne seroit raisonnable que pendant que
vous seriez la occuppez ils feissent entreprinse d'un
autre costé, car c'est à vous deux à pourvoir à telles
choses, ce que ne pourriez faire durant cette négotiation et tiendrez ferme quant à cella, comme à chose
qui leur est grandement dommageable et fort necessaire au bien de mon service, d'autant que par ce
moyen vous en ferez plus facilement pourvoir Ardres
de vins et des autres choses qui y sont necessaires et
serez cause que les gens de guerre qu'ils ont deça la
mer acheveront de manger et ruyner la terre d'Oye,
n'ayant moyen de s'estendre ne escarter et si vous
voyez quils s'oppiniastrent à ne vouloir faire ladite
suspension generalle, leur pourrez accorder quelle soit
seullement pour le lieu seul ou sera vostre convention
et pour les heures que vous parlementerez ensemble
et autant de temps quil faudra à chacun à se retirer

eulx à Boullongne, et vous en mon fort, car ainsi ils auront plus quils ne demandent et ne passerez pas outtre quant à cela, ayant esté très aise que vous aïez retenu ledit de Bleman, affin que par luy vous me puissiez faire entendre ce qui sera mis en avant à vostre premiere assemblée, priant Dieu Mess\^rs vous avoir en sa garde. Escrit à Nemours le xiii\^e jour de fevrier 1549.

HENRY.

DE LAUBESPINE.

A MM\^rs de la Rochepot, de Chastillon, Dumortier et de Sassy, mes depputez en Boullenoys.

BIBL. NAT. *Mss. de Béthune*, n° 8653 de la Bibl. du Roi.

LXIV

Lettre des députés Anglais :

1549 20 febv.

Mess\^rs Nous avons reçeu voz lettres avecques le sauf conduit que vous Mons\^r de la Rochepot auez faict expedier, vous aduertissantz Mess\^rs que nous sômes deliberez (syl plaist a Dieu) Nous trouuer a boullogne samedy prochain au soir pour le plus tard. Atant Mess\^rs le createur vous ait en sa sainte et très digne garde. Escript à Callais le xx\^e de febvrier 1549.

Voz entierement bons Amis.

BEDFORD   WILLIAM PAGET

WILLIAM PETRE   JEHAN NASONE.

(1) Bedford (John Russel, first earl of)
Paget (William, first Lord)
Petre (sir William)
Mason (sir John), ambassadeurs partans pour Boulogne pour négocier (24 février 1550).

au dos :

Les depputez dangleterre
A Messrs
Monsr de la Rochepot et les
aultres depputez du Roy
Très chrestien.

2 f. in-fol. pap.

(Archiv. A de Rosny).

LXV

Mémoire au s^r Dandelot

De ce quil aura à dire au Roy de la part de ses depputez
estant au fort d'Oultreau

1549 6 mars.

Premierement luy dira que après avoir faict aux depputez d'Angleterre les remonstrances contenues en la lettre que ledict sgr nous a dernierement escripte et toutes autres que auons estimé à ce pertinentes et convenables, neantmoins Ils ne se sont jamais voullu departir de leur derniere resolution ne d'icelle rabattre aucune chose, les ayans trouvé en ceste derniere assemblée plus durs et entiers que n'avions encore fait.

Parquoy et pour aucunes consideracions que avons dictes audict s^r dandelot et surtout pour la craincte que avons eue que par quelque inconvénient intervint rompture, estans toutes choses futures en incertitude et dangier, pensant aussi la grandeur et conséquence de l'affaire, nous nous sommes finalement resoluz à prandre et accepter leur offre.

Et sur cela pour entrer en matiere et sçavoir comme

Ils entendoient nous rendre Boullongne et les fortz dont il est question nous leur avons clairement déclairé que nous les voullions recouurer au mesme estat et fortiffication quilz sont et avecques l'artillerie, pouldres, boulletz et autres municions de guerre, qui de present sont esdicts lieux et aussi des vivres qui se trouveront y estre lors que la delivrance s'en fera, sans en faire aucune demolicion, remuement ne transport.

A quoy, ils ont respondu quilz nous les rendroient au mesme estat et fortiffication quils sont de present mais quant à l'artillerie et municions de guerre qu'lz ne le feroient pour rien de ce monde, et que plustost perdroient la vye que d'y consentir, et seroient plustost d'advis de rendre Boullongne simplement et sans argent Car en rendant ladicte artillerie et municions de guerre Il sembleroit quilz seroient du tout abaissez et desconffiz.

A cela leur a esté respondu que nous estions doncques bien loing d'accorder pour ce que le Roy n'entendoit aucunement traicter sans avoir lesdictes artillerie et municions, et estoient lesdictes municions et aussi les fortifications des places la cause pour laquelle en fin ledict seigneur se voulloit estendre jusques à la somme de 400,000 escuz.

Et quant à ce quilz alleguoient que ce leur seroit honte et reproche de laisser et habandonner leur artillerie et que cestoit chose contre leur honneur et non accoustumée d'estre faicte nous alleguant pour exemple la reddition des villes et chastel de Tournay ; Leur a esté respondu que le delaissement de ladite artillerie et municions de guerre n'estoit comme d'une ville estant par siege ou par force rendue, mais par traicté et

accord de paix et amytié par lequel se peult honora-
blement convenir de toutes choses et mesmement que
la grande somme dont Il estoit question meritoit bien
encore dadvantaige que cela, et quil estoit plus raisonnable l'employer à cest effect que en l'achapt et recouurement de l'héritage quil nous appartenoit et que silz
ne voulloient y entendre Il n'estoit plus besoing de
perdre temps.

Lesdicts depputez à cella nous ont tous dict quilz
offreroient plustost leurs gorges au cousteau que de
conseiller une si honteuze chose et neantmoins que
nous voyant aussi fermes et arrestez en cela Ils ont
dict que pour la conservation de l'honneur des deux
costez il seroit encores plus raisonnable de parler de
rendre avecques Boullongne l'artillerie qui y fut trou-
vée ou au lieu d'icelle s'il y en avoit d'esgarée ou
rompue autres pièces de pareil calibre et estimation
combien que ce seroit chose dont Ilz n'ouseroient
traicter que premier Ils n'en eussent escript et que
cest article demourroit pour eulx non accordé ne
reffusé.

Et voyant que lesdicts depputez se resouloient d'escripre et envoyer audict Roy leur maistre et à son
conseil nous leur avons dict et remonstré que puis-
qu'ily y voulloient envoyer affin d'abreger et de ne
faire plus autres voyages Il falloit tout d'une venue
regarder à arrester et accorder les principaux articles
dont nous avions à traicter. Ce quilz ont trouvé bon
et nous ont prié en dresser quelque mémoire, à quoy
nous avons promptement satisfaict, duquel ledict s^r
Dandelot en porte la coppie.

Et ne fauldra à remonstrer ledict s^r dandelot comme

nous perseverons à demander et faire toute instance pour recouvrer avecques lesdictes places toute l'artillerie et autres monicions de guerre y estans et toutesfois dira que nous n'estimons poinct que lesdicts depputez si accordent jamais, Bien esperons que enfin Ilz nous pourront accorder rendre l'artillerie quilz trouverent audict Boullongne ou autres semblables pièces et en pareil nombre.

Item nous renvoyera ledit s[r] dandelot la resolution qu'il plaira au roy prandre tant sur le present memoire que sur la coppie des articles qui luy ont estez baillez affin de suivre la dessus le bon voulloir et intencion dudict seigneur.

Faict au fort doultreau le vi[e] jour de mars 1549.

LA ROCHEPOT.

CHASTILLON, A. GUILLAR, BOCHETEL.

2 f. in fol. pap. Original.

BIBL. NAT. *Fr.* 6616. f° 149-150.

LXVI

1549

Extrait de l'appointement fait sur la redaction de Boulogne

en lan 1549 entre les Roys de France et d'Angleterre par les Ambassadeurs sur ce par eulz deputez, c'est assavoir du costé du Roy de France les s[rs] de la Rochepot, de ch(astillon)...., du mortier et de Sassy, et du costé du Roy d'angleterre le c[te] de Bedford, le s[r] de Beaufort, Guillaume Gurre et Jehan masson.

(Bibl. du Roy, mss. de Béthune, n° 8473, fol. 37)

Entre lesdits 2 roys, leurs successeurs, terres, païs

et seigneuries quils tiennent ou tiendront à l'avenir, leurs subjets et vassaux sera paix et amitié perpétuelle.

Est permis aux subjects desd. Royaumes aller venir de lieu en aultre, y demorer tant que bon leur semblera, frequenter ensemble, trafficquer, vendre, achapter, transporter et emmener les choses par eulx achaptées et quils auront de juste acquest, saynement et sans aucun empeschement sans quil soit besoing de sauf conduit, demeurans tousjours en leur entier ès loix et statuts des Royaumes et citez ainsi quil a esté loisible faire par les anciennes confédérations.

Aulc(un) navire de guerre ...... ne sortira des ports desdits Royaumes sans avoir premierement baillé bonne et suffisante caution entre les mains des admiraulx, leurs lieutenans ou juges ordinaires proch. des lieux, respectivement de non molester ny offenser les subiectz desdits 2 princes ny leurs alliez.

Dedans 6 sepmaines à compter du jour du present traité seront la ville et port de Boulongne, ensemble toutes les places fortes prises, basties ou fortifiées en la comté de Boullonnois, depuis les dernieres guerres d'entre les feuz Roys de France et d'Angleterre mises entre les mains du Roy de France ou de ses députés en pareil estat qu'elles sont de présent avec toute l'artillerie et appareil d'icelle, sçavoir est pouldres, boullets, mortiers et toute autre munition de guerre en mesmes espèces, forme, bonté et nombre quelles estoient quant lesd. places furent mises en la puissance du Roy d'angleterre, tous les bledz et aultres vivres et ou cas que partie ou totallité desdictes choses feust perdeue ou gastée, seront restablis aux despens dud.

Roy d'angleterre. En baillant par le Roy de France au Roy d'angleterre pour les frais desdites fortifications et meliorations la somme de IIII^{cm} escus sol' la moitié païable le jour que lad. ville de Boulongne luy sera rendue et l'autre moitié à la feste de n^{re} Dame de my aoust et ce à Calais.

Et bailleront respectivement les 2 princes pour la seureté l'un de l'autre six ostages dans le jour de Pasques, le Roy de France pour la seurté de recepvoir Boulongne et lesdites places fortes, le Roy d'angletere pour la seureté des IIII^{cm} escus.

Pour quoy faire sera préfix certain jour auxquel les hostaiges se rendront au lieu deputé, c'est assavoir ceulx du Roy de France à Ardres et ceulx du Roy d'anglelerre au château de Guygnes, afin que de la en un mesme jour et a pareille compaignie se trouvans aux limites desd. lieux, soient reçeuz d'une part et d'autre.

A telle condition qu'incontinent que ladite ville de Boulongne et places fortes ainsy munies comme dit est seront rendues audit Roy de France, sera tenu laisser aller lesdis hostaiges angloy ainsy qu'il plaira au Roy d'angleterre.

Semblablement en payant audit Roy d'Angleterre la moitié de lad. somme de IIII^{cm} escus et ce fait sera tenu laisser aller la moitié des hostaiges françoys telz quil plaira an Roy de France.

Aussy en luy payant le reste de ladite somme au temps et lieu comme dit est sera tenu icelluy Roy d'Angleterre de laisser aller le surplus des hostaiges françoys.

Sera ledit Roy d'Angleterre tenu rendre à la Royne

d'Ecosse les chasteaulx de Douglas et Ladre assiz au Royaume d'Escosse avec toute l'artillerie et munitions qui y seront trouvées pour la deffense desdits lieux, excepté ce qui auroit esté amené à Dinton, et cela plustost que faire ce pourra et avant que l'autre partie de ladite somme de III^{cm} escuz soyt payée les quelles places rendues, sera loisible aux Angloys quy trouvez y seront s'en aller leurs bagues sauves où bon leur semblera. A la restitution desquelles places sera led. Roy d'Angleterre tenu au cas seullement quelles soient en sa puissance, aultrement demeurera quicte de cette obligation et pour recompense faire abattre et razer les villes et châteaulx de Rexbourd et Aymond dedans... du jour de la datte de ce present traité et ne sera loisible aux d. Roys ne à lad. Royne d'Escosse réédiffier lesd. places et ce encore quil rendit deffect lesd. places de Douglas et Ladre, quoy faisant ne sera loisible aux dits Roys ne à lad. Royne de rebastir les places de Rexbourg et Aymond.

Seront la Royne et Royaume d'Ecosse, comme confederez, comprins en ce présent traité, ausquels ne pourra ledit Roy d'Angleterre sans nouvelle et juste cause venant de leur costé faire guerre et sera ladite Royne tenue dans 40 jours à compter de la datte de ce present traité declarer par lettres scellées du grand sceau d'Escosse quelle a, en tant que ce traicté luy touche, pour agréable, sauf, tant audicts Roys que à lad. Royne, en autres choses toutes leurs demandes et droits prétendus les ung contre les autres respectivement à leurs deffences au contraire et aussy comme confédéré des deux Roys comprins en ce present traité Charles V, Empereur.

Si pour q.q. vassal, subiet ou allié desd. deux Roys contrevient au present traicté, néanmoins la paix et amityé demeurera ferme et s'en prendra l'on seullement aux transgresseurs qui seront puniz et nous autres...

Seront tenus les 2 roys dedans..... à compter de la datte de ce present traicté icellui ratiffier et quant audit Roy d'Angleterre par l'advis de son conseil et de ce décerner leur lettres patentes scellées de leurs sceaulx et signées de leurs mains et des conseillez du Roy d'Angleterre, lesquelles ils bailleront aux ambassadeurs l'un de l'autre et jureront sur les Sts Evangiles garder ce present traicté et l'avoir pour aggreable le tout avec l'advis du conseil dud. Roy d'Angleterre tant quil touche.....

Faict par les ambassadeurs cy-dessus nommez au milieu des champs entre la ville de Boulongne et le grand fort nommé d'oultre leaue sur la riviere de Lyane [Ryane]. Ce.... jour de mars 1549.

HENRY.

LXVII

1549 6 mars.

Nous Guillaume de Villetranche, chlr, s^r de Murcault, M^e de camp, cap^ne de 300 hommes et l^t de Mgr de Chastillon en la ville d'Ambletueil, certiffions avoir faict prendre et descharger deux heuse (1) naguères prins par l'un des gallions de Mgr de la Ro-

(1) Navire de 300 tonneaux à un mât.

chepot, ch^r de l'ordre du Roy, gouv^r de l'Isle de France, et l^t gén^{al} pour ledit sg^r ès pays de Picardie et Boullenoys, la quantité de sept vingt dix huict (158) cacques de harencz, lesquelz nous avons faict dellivrer pour la munition du Roy à Jehan delahaye commis pour ledict s^r à la garde et distribution des vivres dudit lieu, pour les faire vendre et distribuer aux gens de guerre y estans en garnison. En tesmoing de ce avons signé ces presentes de nostre main audit Ambletueil le vi^e jour de mars 1549.

GUILLAUME DE VILLEFRANCHE

(Copie signée de Laubespine)

BIBL. NAT. *Fr. 18153* f. 148.

Suit la quittance du s^r de la Haye du 22 fev. 1549. *Ibid.*

LXVIII

Lettre de Guillaume du Plessis-Liancourt

Chargé d'affaires de Henri II en Suisse

1550 13 avril.

A Magnificques et honorez seigneurs
Messeigneurs les aduoyer et conseil de Berne
à Berne (nom gratté.)

Magnificques et honorez seigneurs, Je vous enuoye une lettre du Roy quil vous escript. Il ma mandé que celle que luy auez escripte dont par la syenne Il vous faict Responce, quil ne la receue que depuis quinze jours et quelle est dactée du mois de decembre. Il ma escript lappoinctement faict entre luy et le Roy dangleterre par lequel Il luy rend sa ville de Boulongne et entierement tout le pays de boulonnoys, aussi tout ce qae ledit Roy dangleterre tenoit au Royaulme descosse. Dont magnificques seigneurs nay voullu faillir vous aduertir comme ses bons et vrays amys Espérant que de ceste nouuelle aurez grand contentement et serez très joyeulx.

Magnificques et honorez seigneurs Je me recommande bien fort en voz bonne graces Et prie dieu vous donner en santé bonne etlongue vie, escript à fribourg ce xiii⁰ jour d'auril 1550.

Vostre bon et vray amy prest à Vous

faire seruice

Duplesseys.

(Original. 1 f. in-fol. pap. Arch. A. de Rosny).

LXIX

**Lettre de M. le Connestable de Montmorency
à M. le duc d'Aumale**

1559 14 avril.

... Nous n'avons autre chose pour le present, sinon que les ostages d'Angleterre ont fait suplier le Roy de vouloir trouuer bon quils luy viennent faire la révérence, ce que led. sgr leur a volontiers accordé et mandé aux siens qui sont à Calais quils aillent jusques à Londres faire le semblable au Roy d'Angleterre, où ils demeureront peu. Car les 200,000 escus du premier payement sont ja à Montreuil Et les Anglois font la plus grande dilligence quils peuvent de retirer ce quils ont dedans Boulogne tant par mer que par charrois

jusques à Calais pour nous rendre la dite ville plustost que le traité ne porte affin de se relever d'autant
de despence. Vous advisant au demeurant, monsieur
que le Roy va demain à St Germain où le viendront
trouuer lesdits ostages, Et vous puis asseurer quil
faict très bonne chere et sa compagnie graces a nostre
dit Seigneur...

BIBL. NAT. *Fr.* 2577, f° 48
Copie du XVIII° s.

LXX

1550.

Le 25 jour d'avril Boulongne ayant esté remise
entre les mains du roy suivant le traicté de paix avec
l'Anglois M. le Connestable (de Montmorency) en
donne la nouvelle au nouveau duc de Guyse (ex-duc
d'Aumale) par sa lettre du jour suivant.

Monsieur. Je vous advise pour toutes les meilleures
nouvelles que vous sçauriez avoir que le Roy et toute
la compagnie font très bonne chere et que ce matin Il
a eu nouvelles comme hier environ les six heures Les
Anglois mirent mon frere et mon nepveu dans Boulongne, et remirent entre leurs mains les autres forts
quils tenoient suivant le traicté. Ils ont laissé dans le
dit Boulogne bien 300 muidz de grains mesure de
Paris, quantité de vins, munitions, poudres et boulletz, plus qu'ils n'y en trouuerent et l'artillerie promise
par ledit traicté, n'estant possible s'y estre conduit
plus honnestement quilz ont faict ny auec plus grande
demonstration de faire durer cette amitié. Mesdict
frere et nepveux(disent)quil est impossible, sans voir,

croire les belles fortifications que les dits Anglois ont
faict esdits lieux, de sorte qu'on ne doit poinct plaindre
largent que lon leur a donné; Le Roy faict son comte
partir d'icy mardy prochain pour aller coucher à Es-
couan et jeudy à Chantilly, où il pourra séjourner un
jour, de la Il s'acheminera vers Amiens où il recevra
les commissaires Anglois qui viennent pour la ratiffi-
cation du traicté, Et les nostres passeront cependant
delà la mer pour aller faire le semblable en Angleterre,
de sorte que mon neveu puisse estre de retour audit
Boulogne quand ledit seigneur y arrivera Espérant
que entre cy et là et le plustost que vous pourez vous
nous viendrez trouuer, qui luy sera le plus grand plaisir que vous luy sçauriez faire pour l'envie qu'il a de
vous veoir...

De St Germain en Laye le 26 apvril (1550. :

MONTMORANCY.

A M. M. le duc de Guyse.
(*Mémoires du duc de Guyse, Fr.* 20577) f° 57.

LXXI

La réduction de Boulongne

Lettres missives du Roy

1550 26 avril.

De par le Roy

Très chers et bien amez, ayant presentement eu
nouvelles comme hier matin nostre ville de Boullongne et fortz de Boullenoys furent renduz et remys
en noz mains, nous n'avons voullu obmectre à vous
en advertir incontinant, vous priant en rendre graces

à Dieu et vous trouver à la procession que nous es-
cripvons à l'évesque de Paris en faire demain pour
l'en remercier.

Donné à St Germain en Laye le xxvi⁶ jour d'avril
mil v⁶ L..

HENRY.

De l'aubespine.

Et au dessus : *A noz très chers et bien amez les
Prevost des marchans et Eschevins, bourgeois et habi-
tans de nostre bonne ville et cité de Paris.*

PROCESSION

Incontinant lesd. lettres receues, Messʳˢ de la Ville
envoyerent mandemens aux conseillers et aux Quar-
teniers, pour appeller huit notables personnes de
chascun quartier, pour eulx trouver, demain six heures
de matin precisement en l'Ostel de lad. Ville, pour
accompaigner mesd. sʳˢ à aller à la procession generalle qui se fera de Nostre Dame de Paris à l'entour
de la Cité, pour rendre graces à Dieu de lad. reduction de Boullongne en l'obeyssance dud. Seigneur.

Mesdictz sʳˢ y furent, vestuz de leurs robbes my
parties avec la Court de Parlement, en l'ordre qu'ilz
ont acoustumé.

(*Registres du bureau de la Ville de Paris.* 1550
fol. 186.).

LXXII

Lettre du Roy au sʳ d'Aramon (ambassadeur à Constantinople)

Des particularitez du recouurement de Boulogne

1550, 27 7ᵇʳᵉ.

Monsieur d'Aramon, il faut que vous entendiez

qu'après vous avoir depesché Cottignac, retournant de l'expedition de mon voyage de Boulonnois, ie vins faire mon hyver à Fontainebleau, ou ie ne voulus pas perdre une seule heure de temps pour donner ordre à tout ce que je pensois estre nécessaire, pour ce printemps recommencer plus (pour) chasser tout à fait l'Anglois de la ville de Boulogne et de mon Territoire, encore que l'opinion commune l'estimat chose impossible, estant la ville de Boulogne, avec ses forts, inexpugnable, pourveüe comme elle estoit de tous vivres, artillerie et munitions plus qu'il ne luy en falloit : et connoissant que la commodité de la Mer et la force qu'avoient les Anglois, estoient le seul moyen pour empescher mes desseins et entreprises, je fis construire en extrême diligence et armer grand nombre de vaisseaux ronds et subtils qu'on appelle Roberges, qui vont de rame et de voile, fort propres à naviguer en la mer de Ponant, afin que cette force fust suffisante pour commander à celle desdis Anglois et leur oster le moyen de rafraichir ledit Boulogne et ses forts ; d'autre part voyant aussi que lesdits Anglois pour la défense du port de Boulogne et pour empescher mes vaisseaux d'en approcer avoient construit en mer sur l'emboucheure dud. port une grande et longue jetée de grosses pierres brutes et scrilles de mer, assemblez et maçonnées par un grand artifice, avec un beau et capable logis pour soldats, bien terrassé au dessus pour asseoir artillerie, où il y en avoit grand nombre, de sorte quil se peut dire que depuis le temps des Romains il ne s'est fait en telle assiette un plus hardy, ny plus superbe édifice que celuy là, quils ont appelé la *Dunette* : je fis construire et asseoir sur

les Dunes de la mer du costé de mes forts une bande
d'artillerie à la bouche de la leur, avec laquelle, durant quelques temps s'est faite une si épouvantable et
cruelle batterie, que le logis des soldats et la pluspart
des terrasses de ladite dunette ont esté abattus et ruinez, et le parement de la muraille de ce costé là, fait
de grosses pierres brutes, mis en poudre. Chose in-
croyable sans le voir et ne faut pas demander ce que
l'on faisoit après les batteries cessées : car là dedans
estoient l'élite des soldats Anglois, ausquels j'auois
fait teste de quelques enseignes de mes vieilles bandes
françoises qui sont les plus braues gens de guerre que
l'on sçauroit voir : au moyen de quoy se dressoient
ordinairement escarmouches, et mesmes les plus
roides et aspres quil estoit possible, où lesdits Anglois
se sont trouuez fort affoiblis de la perte de leurs meilleurs soldats, sans ceux qui auroient esté tuéz en grand
nombre de mon artillerie dedans ladite Dunette, et les
autres tant de cheval, que de pied, défaits aux saillies
qu'ils ont faite de Boulogne, de la Tour d'Ordre, et
des autres forts. Et voila comment s'est passée une
partie de l'Hyver, cependant que je faisois tousiours
mes preparatifs à envoyer par delà nouvelles bandes
d'artillerie et de munitions, marcher des compagnies
de ma gendarmerie et bonne troupe de gens de pied
françois et gascons et autres de mes régions circonvoi-
sines, sans les lansquenets et suisses, dont j'avois
ordonné une levée; de manière que dedans peu de
temps je mettois une armée aux champs fort gaillarde
pour l'exploicter moy-mesme en personne : ce que
lesdis Anglois prevoyant bien, et estant lassés de la
guerre, foibles de gens et d'argent, connoissant bien

qu'il leur estoit fort difficile de me pouvoir plus résis-
ter ; joint les pertes insupportables quils avoient
faites et faisoient chaque iour en Ecosse, où ils ne tenoient plus aucunes places fortes : et voyant aussy
davantage les diuisions et seditions populaires qui
estoient ès principales provinces dudit Angleterre,
augmentant de jour à autre : tout cela bien pesé et
balancé avec les Estats du Royaume et Conseil de
leur Roy, pour eviter de plusieurs inconvéniens, celuy
qu'ils avoient toujours estimé le pire, qui estoit de
perdre Boulogne, et en estre chassez à leur honte,
déréputation et confusion, ils se seroient finalement
deliberez et resolus de me le rendre et restituer, auec
toute la plus honeste couuerture pour la conservation
de leur honneur et réputation, dont ils se sont pû
adviser : et m'ayant fait rechercher d'envoyer mes Deputez avec les leurs, après avoir quelques jours con-
féré ensemble, la paix a esté faite, conclüe et jurée
entre ledit Roy d'Angleterre et moy, nos Royaumes,
païs et subjets d'une part et d'autre, moyennant a
restitution qui m'a esté faite de ladite ville de Boulogne, haute et basse, ensemble des forteresses de la
Dunette, avec toute l'artillerie qui estoit audit Boulogne, lorsque lesdis Anglois y entrerent et les vivres
et munitions qu'ils y avoient au jour du traité, en leur
baillant et fournissant par moy, comme j'ai fait, pour
aucunement les recompenser des frais de la guerre, la
somme de 400,000 escus, qui n'est pas la dixiesme
partie de ce qui leur a cousté pour lesdits frais, sans
la perte des hommes : et ont compris audit traité de
paix les Royaumes et subjets d'Escosse les gens de
guerre que lesdis Anglois y avoient revoquez, et quel-

ques forts qu'ils y tenoient encore, rendus et restituez ès mains de la Reyne et de mon l' general par delà, et par ainsi faisant ladite paix, j'ay pacifié ledit Royaume d'Escosse que je tiens et possède avec tel commande- ment et obéissance que j'ay en France ; ausquels deux Royaumes j'en ay joint et uny un autre, qui est Angle- terre, dont par une perpétuelle union, alliance et confederation je puis disposer, comme de moy mesme, du Roy, de ses subjets et de ses facultés, de sorte que lesdits 3 royaumes ensemble se peuvent maintenant estimer une mesme Monarchie : or après ces choses faites, je me suis bien voulu transporter en mon pays de Boulonois, pour voir et visiter ma ville de Bou- logne, et les susdits forts : et si auparavant ceux qui les avoient approchez, me les avoient fait difficiles à prendre, Je les ay estimez imprenables quand je les ay veus et visitez, garnis comme ils estoient de tout ce quil leur falloit, de sorte que je vous puis dire que ce sont ouvrages admirables. Estant là, j'ay fait re- tourner tous mes subjets, les ay restablis en leurs terres, licencié une partie de mes gens tant de cheval que de pied, tenant les vieilles bandes françoises, aus- quelles je fais tenir garnison par mes villes et places de frontière pour estre entretenues d'ordinaire ; car je pense qu'il est impossible d'en voir de si belles, ny si entieres qu'elles sont, avec si braves soldats ny si bien armés : de sorte qu'il n'y a aucun qui ne soit capable d'estre capitaine et ie pense qu'avec cette troupe l'on aura tousiours moyen de faire et dresser une grosse et puissante armée, ayant pourveu et donné ordre à tout j'ay repris mon chemin en ce lieu. . »

« Vous presenterez au g^d seigneur (le sultan) la lettre de créance sur vous pour lui faire le discours du succez de mesdites affaires tel que dessus, afin qu'il en soit participant par le benefice de nostre parfaite amitié et bonne intelligence, au grand contentement et satisfaction que j'en reçoy.

Lettres et Mémoires d'Estat servant à l'histoire de Henry II, par Guill. Ribier, t. II, p. 286.

LXXIII

Revue faite à la Tour d'Ordre près Boulogne-sur-Mer

1550 3 nov.

Roolle de la monstre et reveue faicte à la tour d'Ordre près Boullongne sur le mer le 3e jour de novembre 1550 de 22 hommes de guerre à pied picardz estans de présent pour le service du Roy en ladite tour, pour la garge, seurté et deffense d'icelle, soubz la charge du s^r de Heucourt, leur cappitaine, sa personne y comprinse, par nous Jehan de Bournoville, esc^r, s^r d'Amiringant, commissaire ordonné à faire la dite monstre et reveue pour ung mois commençant le 1er jour du mois de novembre. Desquelz xxii hommes les noms et surnoms s'ensuivent.

1° Le sieur de Heucourt, cappitaine,
Le cappitaine Prouville, lientenant,
Léonard Brehier, phiffre,
Adrien Bouhier, tabourin.

Gens prenans vi *liv.*

Pierre Ganis, Jehan de Coussy, Jehan macque, Guillaume Vasseur, Guillaume Le Noir, Lyeuyn Le cerf, Eustace de Gay, Jherosme Molle, Jacques de Molins, Jehan Le Bon, Michel Pannours, Charles

11

macque, Pierre Hauberry, Pierre Testecotte, Guil-
aume Galland, Jehan Bouscher, Mathieu Mausaille,
Jherosme Vasseur.

Signé : DE BOURNOUILLE

Jehan Moreau, contrerolleur. Benoist Le Grant,
trésorier payent 202 liv. ts : 56 liv. au cap^{ne}, 26 liv.
au l^t.

MOREAU.

Publié par M. de Beauvillé. *Documents inédits
concernant la Picardie.* II, 210-212 (1):

LXXIV

1550 22 janvier.

La recepte faicte par Jehan de la Haye, commis à
tenir le compte des vivres et munitions des forts et
places d'Ambletueil, Selacques et Blacquenay, des
deniers provenuz de la vente desdicts vivres, dont il
s'est chargé en recepte à commencer du xxviiie jour
d'aoust 1549 jusques au xiie de may ensuivant, où sont
comprins 8 moys et demy, Icelle vente faicte suivant
les ordonnances de mons^r de Chastillon, monte la
somme de   xi^mviii^e iii liv. v s. x d.

Et la despence faicte par semblables ordonnances
dudict s^r de Chastillon tant pour les fraiz que tauxa-

---

(1) Il donne plus loin la revue des quarante-huit hommes
d'armes, soixante-quinze archers de la comp·gnie de Jehan de
Monchy, s' de Senarpont, passée à Boulogne le 28 avril 1557.
On y trouve plusieurs Boulonnais : Porrus de Bernes, Oudard
Roussel, Raoul de Poucques, Josse de Hémont, Julien d'O-
coche, Jehan Caboche, Guillaume de Louvigny, Jacques de
Quelque, Marand du biez, Augustin de Guisselin, Bry d'Isque,
Anthoine de Blezay, Claude de Monchy, Walleren de Harden-
thun, Jaques de Rocthun, Jehan Acary, Jehan Pocques, Guy
Disque, Raoul Pocques, Robert de Poucques, etc.

tions faictes audict commis, pour luy, cinq clercs et quatre aydes qui ont vacqué ou faict desdicts vivres durant ledict temps monte la somme de

VII^mLXII lb. XII s. VI d. ob.

Par ainsi resteroit ès mains dudict de la Haye.

IIII^mVII^c XLV l. XIII. s.

Dont il a en petitz douzains quil a reçeuz paravant l'ordonnance publiée, XI^{xx}XV (235) l. v s. comme appert par certiffication dudit s^r de Chastillon.

Laquelle somme de 4,745 liv. 3 s. Il a esté ordonné que ledit delahaye mettra ès mains du tresorier des reparations en Picardye, atfin d'estre employée ès reparations d'Ambletueil.

Faict au conseil privé à St Germain en laye le 27 juing 1550.

DE LAUBESPINE.

B. N. *Fr. 18,153* f° 172 v°.

LXXV

Lettre de Jehan de Monchy, s^r de Senarpont

Gouverneur de Boulogne au COMTE RINGRAVE

1556 2 octobre.

Mons(ieur) voyant le peu de sesiour que le Roy me p(er)mectoit faire en ceste court je n'ay voulu laisser passer la commodité y trouvant le capitaine bac sans vous faire ce mot quy servira seulement à vous prier ne meslongner de vostre bonne Grace Et pour le peu de doubte que j'en ay m'asseurant aussi que ne le trouverrés mauvectz ne veulz faillyr a vous mander que vos armes desquelles au besoing me suis servi, me sont venues le myeulx à propos du monde si le Roy se deffiant estre les vostres ne m'eust reproché quilz sentoyent le vin, je ne laisseray toulesfoys à vous en remercier autant humblement comme en cest endroict je me recommande de bien fort bon cœur à vostre bonne grace priant Dieu,

Monsieur vous donner en parfaicte santé bien bonne et longue vie, a paris ce 11ᵉ en octobre 1556.

Vostre plus obeissant frere pour vous faire service.

SENARPONT.

A Monsʳ

Monsʳ le comte de Ringraue

    chlʳ de lordre du Roy,

Cachet-empreinte aux armes : écu : de gueulles à 3 maillets d'or chargé en cœur d'un écu : de mesme (d'or) chargé d'une bande du champ, le tout entouré du collier de l'ordre du Roy.

1 f. in-4º pap. Arch. A. de R.

Pour copie conforme,

A. DE ROSNY.

Extrait du tome XXVII des *Mémoires de la Société Académique de Boulogne-sur-Mer*.

Boulogne-sur-Mer. — Imprimerie G. Hamain, 83, rue Faidherbe.

www.ingramcontent.com/pod-product-compliance
Lightning Source LLC
Chambersburg PA
W052345090426
CB00011B/2318